L'égale dignité des invisibles

Collection « Interventions »
dirigée par Vincent Peillon

www.editionsbdl.com
33310 Lormont

63, rue Beaumarchais
93100 Montreuil
www.editionsquartmonde.org

ISBN : 978-2-35687-900-4

Sous la direction de
Marie-Aleth Grard

L'égale dignité des invisibles

Quand les sans-voix parlent de l'école

Éditions Quart Monde
Le Bord de l'eau

J'aimerais que tous les enfants du monde puissent aller à l'école pour apprendre à être quelqu'un.
Brian, 10 ans.

Remerciements

Un merci tout particulier à Véronique Soulé sans qui ce livre n'aurait pu se faire. Merci à Olivier Gerhard et son équipe qui m'ont permis d'avoir accès aux documents historiques du combat d'ATD Quart Monde pour l'éducation.

Merci à Laure pour ses transcriptions fidèles.

J'ai vécu de très beaux moments lors des entretiens avec Céline, Dominique, Élodie, Florence, Franck, Gwenaël, Jacqueline, Murielle, Paulette, Raphaël, Thomas, Valérie, Vincent ; tous m'ont confié leur parcours, leurs questions et leurs espoirs pour une école de la réussite de tous. Je tiens à remercier chacune et chacun d'avoir osé se livrer ainsi.

Introduction

Marie-Aleth Grard,
présidente d'ATD Quart Monde France

L'école est le socle de notre démocratie. Or, aujourd'hui, notre système scolaire est terriblement inégalitaire. Il favorise les plus aisés qui ont les codes de l'école et laisse sur le bord de la route les plus fragiles. Nous devons tout faire pour que notre école tienne la promesse républicaine de permettre à tous, quelle que soit son origine, de réussir et de choisir sa voie et par là même son avenir.

Chaque enfant arrive à l'école avec son histoire et ses conditions de vie – des parents en emploi ou au chômage, un logement confortable ou exigu… En France, quelque 20 % des mineurs, soit 2,9 millions d'enfants et de jeunes, sont issus d'une famille vivant sous le seuil de pauvreté[1] et, parmi eux, 1,6 million appartient à une famille vivant dans

1 Une personne est considérée en situation de pauvreté quand elle vit en dessous du seuil de pauvreté fixé à 60 % du niveau de vie médian qui partage la population en deux parties égales – autant gagne moins, autant gagne plus. Une personne est en situation de grande pauvreté lorsqu'elle vit en dessous d'un seuil fixé à 50 % du niveau de vie médian.

la grande pauvreté. Cela signifie ne pas avoir de coin à soi pour faire ses devoirs, ne pas avoir les bonnes affaires pour le sport, les bonnes fournitures pour les cours… Dès le plus jeune âge, c'est surtout être différent des autres et le ressentir profondément, dans sa chair.

Notre société est multiple, diverse. C'est une richesse que nous devons développer. Les enfants issus d'horizons différents devraient pouvoir partager leurs jeux, leurs réflexions, leurs histoires, côte à côte sur les bancs de l'école. Adultes, grâce à ces moments d'apprentissages partagés, ils seront plus ouverts aux autres et la société ne pourra qu'y gagner en ouverture et tolérance.

Malheureusement, c'est de moins en moins le cas et ce dès l'école primaire. Dans les villes, les quartiers se sont cloisonnés et l'on a vu se constituer de véritables « écoles ghettos ». Depuis de nombreuses années, la carte scolaire est trop souvent contournée par des familles qui maîtrisent le langage de l'école, choisissent le « meilleur » établissement pour leur enfant, cultivant ainsi l'entre-soi. La mixité sociale et scolaire devient de plus en plus un leurre. Quel dommage !

L'école accueille tous les enfants mais comment s'adapte-t-elle à chacun ? Si nous voulons que l'école donne à tous, y compris aux plus fragiles vivant dans la précarité, des chances égales de réussite, il faut mettre les moyens à la hauteur de nos ambitions, en particulier dès le primaire. Pour cela, il est essentiel d'avoir des classes vraiment moins chargées de la maternelle au CM2.

Cette condition première doit s'accompagner d'autres mesures comme, par exemple, avoir un enseignant supplémentaire par école maternelle et élémentaire. Cela permet à l'équipe enseignante de mener un vrai travail collectif. Cet enseignant supplémentaire va soutenir un collègue dans une activité, prendre en charge un petit groupe d'élèves, remplacer un collègue qui va observer la classe d'un autre ou qui part en formation.

Le métier d'enseignant est complexe et très impacté par les évolutions de notre société. La formation, initiale et continue, devrait être un levier essentiel pour lui permettre de réaliser pleinement sa mission en ne laissant aucun élève sur le bord de la route. Or, toutes les pédagogies ne se valent pas. Chercheurs et mouvements pédagogiques l'ont démontré : les pédagogies différenciées, de projets et prônant la coopération favorisent bien davantage la réussite de tous. Pourquoi dès lors ne pas former tous les enseignants à ces pédagogies dès la formation initiale ?

Pour rentrer dans les apprentissages, un enfant a besoin d'être en sécurité, de sentir que son environnement personnel et l'école avancent dans la même direction. La relation parents-enseignants est à cet égard absolument essentielle. Si l'enfant entend un langage très différent à l'école de celui qu'il entend à la maison, s'il vit des réalités tellement différentes qu'il ne voit aucun lien entre l'école et sa famille, il est pris dans un conflit de loyauté. Face à un choix impossible, il ne veut pas trahir sa famille et son milieu et, de façon inconsciente, il bloque la possibilité de rentrer dans les apprentissages.

Former les enseignants à la connaissance des différents milieux sociaux ainsi qu'à la relation enseignants-parents est vraiment indispensable. Il faut aider les enseignants à mieux décrypter les incompréhensions entre l'école et les parents. Comment un enseignant, généralement issu d'un milieu plus favorisé, peut-il en effet comprendre les appréhensions d'un parent qui vit un quotidien fait de grandes précarités, pour qui le langage de l'école est très éloigné ? Or ces formations sont trop rarement proposées.

La première rencontre du parent avec l'enseignant de son enfant est souvent déterminante dans la relation qu'ils tisseront. Les parents qui vivent dans la grande pauvreté sont trop souvent accusés de ne pas être de bons éducateurs. Ils redoutent ces rencontres : ne seront-ils pas jugés dès le premier regard ? Et comment oser parler à l'enseignant de son enfant lorsque les travailleurs sociaux qui vous suivent vous donnent des injonctions ? Les premiers mots de l'enseignant seront là pour rassurer et établir un véritable rapport d'adulte à adulte.

Chaque année, près de 100 000 jeunes sortent du système scolaire sans diplôme, ni inscription nulle part. Environ 1,5 million de jeunes âgés de quinze à vingt-neuf ans ne sont ni en emploi, ni en études, ni en formation. Qu'attendons-nous, là encore, pour mettre les moyens suffisants afin que tout jeune quitte le système scolaire avec un bagage lui permettant de choisir son orientation et la formation qui lui plaît ?

Pour ce faire, il faut de la confiance en soi. Comment répondre aux questions des éducateurs, des personnes de la Mission locale, alors que depuis le début de sa scolarité, on est en échec ? Il faut prendre le temps avec ces jeunes bien plus qu'avec les autres. Il n'y a pas de modèle unique convenant à tous.

Depuis mars 2020, nous traversons une crise sanitaire qui a de lourdes conséquences sur les enfants, en particulier ceux issus de milieux défavorisés. Les enseignants sont aussi épuisés par deux années d'une école bousculée par les « protocoles » à répétition, avec des professeurs et des élèves absents, des élèves qui ont souvent bien du mal à reprendre le fil des apprentissages.

Sandrine, enseignante en maternelle en région parisienne, témoigne des effets dévastateurs pour les plus fragiles :

> Les enfants de milieux défavorisés qui arrivent depuis le COVID ont des retards de langage comme nous n'avons jamais vus, ils sont nombreux à ne pas être propres, ce qui n'arrivait jamais avant. Au retour du premier confinement, certains enfants sont restés prostrés durant des semaines dans la classe, sans bouger, sans parler.

Que faire face à de telles situations ? Proposer aux parents de mettre leur enfant dans des classes spécialisées ou le laisser continuer dans le cursus « ordinaire » avec des pédagogies adaptées ? Ce sont des questions auxquelles sont confrontés enseignants et parents. Mais qui les aide à réfléchir à l'avenir de ces enfants qui se joue en partie là ? Depuis le début de cette crise, l'institution n'a proposé aucun temps aux enseignants pour parler ensemble de cette période éprouvante.

Que vont devenir ces milliers d'enfants et de jeunes qui, durant les périodes de confinement, n'avaient pas les conditions pour travailler à la maison, qui ont accumulé de gros retards scolaires et que la crise du COVID risque de laisser sur le bord du chemin ? L'école à deux vitesses existe déjà. Il ne faudrait pas que cette crise sanitaire soit l'occasion de multiplier les orientations vers des filières spécialisées, voire vers des filières du handicap. Trop souvent ces orientations ne permettent pas à ces enfants de se bâtir un avenir où ils seront vraiment dans la formation professionnelle de leur choix. Il nous faut réfléchir ensemble pour permettre à tous ces enfants de développer leur intelligence à l'égal des autres.

Au sein d'ATD Quart Monde, les militants Quart Monde, ces personnes qui ont l'expérience de la grande pauvreté, les alliés et volontaires permanents engagés à leur côté, nous sommes passionnés par ces questions d'éducation. La raison ? Nous sommes persuadés qu'il est possible de ne laisser aucun jeune sur le bord du chemin. Serions-nous utopistes ? Non ! Il nous faudra du temps pour redresser la barre des inégalités sociales et scolaires mais nous voulons croire que tous ensemble, citoyens et responsables politiques, nous unirons nos forces et notre intelligence pour y parvenir. Il y va de l'avenir de notre démocratie.

Alliée du Mouvement ATD Quart Monde depuis quarante ans, dont j'assume actuellement la présidence pour la France, j'ai accepté d'écrire ce livre afin de porter la voix de celles et ceux qui vivent la grande pauvreté au quotidien. Ces militants savent d'expérience combien l'institution scolaire peut être injuste et sans pitié à leur égard. Ils savent aussi quel handicap cela représente d'avoir une scolarité écornée après avoir subi le rouleau compresseur du tri social. Ils sont pourtant les premiers à croire encore en l'École de la République. « L'école va permettre à mes enfants d'avoir une vie meilleure que la mienne », disent-ils toujours avec conviction.

Dans les échanges que j'ai eus avec eux pour ce livre, ils livrent des récits édifiants sur leurs parcours scolaires et sur ceux de leurs enfants. Ils confient aussi, pleins d'espoir, leur vision d'une école qui permette à tous de réussir.

Il me semble utile de retracer ici l'histoire du combat d'ATD Quart Monde en matière d'éducation. Une histoire qui plonge ses racines à la création même du mouvement et qui se poursuit jusqu'à aujourd'hui, avec l'expérimentation que nous avons lancée en 2019 avec nos partenaires pour débusquer les biais sociaux de l'orientation scolaire, l'expérimentation CIPES (Choisir l'inclusion pour éviter la ségrégation).

Le Mouvement ATD Quart Monde est né en 1957 à Noisy-le-Grand, en Seine-Saint-Denis, lorsque Joseph Wresinski, son fondateur, a rejoint les familles alors rejetées de tous dans le bidonville du « camp des sans-logis ». Dès son arrivée, Joseph Wresinski mène un combat pour la scolarisation de tous les enfants. Il s'exténue à courir après ceux qui traînent, quitte à leur botter les fesses en disant « Va à l'école, sinon tu seras toujours esclave des patrons, des curés[1]... » Parfois même, il les accompagne en personne jusqu'à l'école.

Dès les premières semaines, dans le bidonville où les conditions d'existence sont effrayantes, où l'on vit ou plutôt l'on survit au milieu des rats et de la boue, Joseph Wresinski crée un jardin d'enfants et une bibliothèque pour enfants. L'accès à l'éducation est un point central pour lui. La grande pauvreté où sont plongées les familles de ce camp se reproduit de génération en génération. Seule issue possible pour éviter cette « fatalité », des parcours scolaires « normaux » qui permettront à ces jeunes d'obtenir des diplômes et de choisir un métier. Trop souvent, ils se retrouvent relégués dans des filières spécialisées, considérés comme des enfants souffrant de « retard ».

En 1966, une classe expérimentale appliquant la méthode de Célestin Freinet, le grand pédagogue partisan de la classe coopérative, est créée au « camp des sans-logis » pour une

---

1 Francine de la Gorce, *L'espoir gronde*, p. 42, éd. Quart Monde, 1992.

quinzaine d'enfants présentant d'importantes difficultés scolaires. Elle est en lien avec les écoles élémentaires environnantes. Durant l'année scolaire 1968-1969, le salaire de l'institutrice est même pris en charge par l'Éducation nationale.

En 1972, des instituteurs d'horizons très divers se retrouvent au centre international d'ATD Quart Monde autour de cette question : « Quelle est notre responsabilité face à l'enfant du Quart Monde ? » Cette même année, lors d'une conférence intitulée « Croire en l'homme, c'est lui donner le savoir », Joseph Wresinski déclare :

> C'est la question fondamentale que nous devons nous poser face au Quart Monde. Ne voulons-nous pas seulement leur donner ce qui satisfait notre besoin de justice et qui n'est que l'entresol de la charité. La vraie équité, c'est vouloir que l'autre ait la même puissance intellectuelle et spirituelle que nous. C'est faire du Quart Monde un groupe de gens capables, à leur tour, de créer un milieu où les hommes pourront ensemble bâtir quelque chose de neuf, de différent de ce qu'ils ont vécu jusqu'ici. Avec ce peuple, nous devons créer les conditions d'une libération, c'est-à-dire lui donner les moyens d'être maître de ses analyses, de faire sa chance. Nous devons combattre avec l'arme du savoir. L'ignorance, l'indigence et la violence emprisonnent la condition sous-prolétarienne. Savoir, c'est comprendre ce qu'on est et ce qu'on vit. C'est avoir le pouvoir de faire des expériences dont on ne sorte pas humilié mais fier. C'est pouvoir goûter au bonheur comme à une voie de libération.

En 1973, un comité de recherche et d'action pédagogique est mis en place au sein d'ATD Quart Monde. Dans les années qui suivent, le mouvement rédige des programmes pré-scolaires qui vont être appliqués dans ses centres de Noisy-le-Grand, d'Herblay et de Toulon, dans le cadre du premier programme européen de lutte contre la pauvreté.

En 1977, à la Mutualité à Paris, Joseph Wresinski lance un vibrant appel contre l'illettrisme et l'échec scolaire. « Notre objectif doit être pour les dix ans à venir, qu'il n'y ait plus d'illettrés parmi nous, qu'aucun enfant non seulement ne manque l'école mais qu'aucun n'y échoue… »

À partir de 1978, des « comités Quart Monde école », regroupés aujourd'hui au sein du Réseau Wresinski école, sont constitués un peu partout en France, à Fougères, Paris, Lyon, Grenoble, Nancy…

En 1985, Mascha Join-Lambert, volontaire permanente du mouvement, rédige pour le Conseil de l'Europe une étude sur « Les relations entre l'école primaire et les parents de milieux très défavorisés ».

Deux ans plus tard, en février 1987, le rapport de Joseph Wresinski au Conseil économique et social, intitulé « Grande pauvreté et précarité économique et sociale », avance plusieurs propositions sur l'école. Il recommande notamment de sensibiliser les enseignants à la réalité sociale des plus démunis, de centrer l'effort sur l'école maternelle, enfin de poursuivre et de prolonger les zones d'éducation prioritaire.

En 1992, pour la première fois, le rapport du recteur Philippe Joutard[1] « Grande pauvreté et réussite scolaire :

---

1 Rapport Philippe Joutard au ministre d'État, ministre de l'Éducation nationale et de la Culture intitulé « Grande pauvreté et réussite scolaire : changer de regard ».

changer de regard » marque la volonté du ministère de l'Éducation nationale de faire bouger les choses. Il est suivi par celui de Claude Pair en 1998, « L'école devant la grande pauvreté : changer de regard sur le Quart-Monde », un travail réalisé après avoir consulté des parents du Quart Monde.

En 2007, ATD Quart Monde noue des partenariats avec plusieurs acteurs du monde de l'éducation autour du projet que le mouvement mène à Maurepas, un quartier de Rennes. Durant plus de trois ans, l'inspection académique, l'IUFM, l'université, la FCPE et la ville de Rennes vont travailler au côté des familles ayant l'expérience de la grande pauvreté sur la problématique « Associer les parents pour la réussite des enfants ».

Ce travail a permis de mettre au point un outil de formation à la connaissance de la grande pauvreté. Objectif : mieux dialoguer et construire ensemble, professionnels et parents en situation de précarité.

De 2008 à 2016, un autre projet est mené à Fives, un quartier de Lille. ATD Quart Monde et le centre social Mosaïque se rencontrent avec des enseignants, des inspecteurs et l'Union régionale des centres sociaux du Nord et du Pas-de-Calais, pour réfléchir au moyen d'améliorer le lien entre les familles et l'école. Diverses actions sont développées.

En 2011, ATD Quart Monde élargit ses partenariats aux syndicats de l'éducation, aux mouvements pédagogiques ainsi qu'aux trois grandes fédérations de parents d'élèves. À la Mutualité de Lyon, après trois jours de discussions, plus de quatre cents personnes rédigent une plateforme intitulée « Quelle école pour quelle société ? » dont les propositions seront présentées lors de la campagne des présidentielles de 2012.

C'est une étape importante : une école qui permet la réussite de tous les enfants devient une cause commune. Les discussions sont parfois tendues entre les partenaires mais nous sommes tous unis autour d'une conviction : « Partir de l'enfant qui a le plus de mal dans la classe est essentiel pour la réussite de tous. »

L'été 2012, le ministre de l'Éducation nationale Vincent Peillon lance la concertation pour la refondation de l'École de la République. En tant que représentante d'ATD Quart Monde au Conseil économique, social et environnemental (CESE), je participe à l'Avis sur le projet de loi pour une refondation de l'École de la République. Je défends les points qui nous paraissent essentiels : la formation des enseignants à la connaissance des différents milieux sociaux, une relation parents/enseignants approfondie, une pédagogie bienveillante et coopérative…

En juin 2014, Jean-Paul Delahaye, inspecteur général de l'Éducation nationale, entame une mission sur « Grande pauvreté et réussite scolaire ». Au même moment au CESE, nous préparons un Avis sur l'école de la réussite de tous dont je suis la rapporteure. Notre collaboration durant neuf mois va permettre de faire bouger les lignes.

Nous présentons ensemble nos travaux lors d'une séance plénière au CESE, qui restera dans les annales. La séance est ouverte par des jeunes de Bordeaux en difficultés scolaires et sociales qui avaient gagné un prix pour assister à la cérémonie d'entrée au Panthéon de Geneviève de Gaulle-Anthonioz[1].

---

1 Geneviève de Gaulle-Anthonioz, résistante, déportée à Ravensbruck a quitté le cabinet Malraux en 1960 pour rejoindre Joseph Wresinski et les militants Quart Monde du camp des sans-logis. Elle a été présidente d'ATD Quart Monde de 1964 à 1998. Elle est entrée au Panthéon le

Magnifique ! Puis des militants Quart Monde qui avaient travaillé avec les conseillers du CESE ont présenté leurs travaux. Cet Avis *Une école de la réussite pour tous*[1] est à ce jour le seul réfléchi avec des personnes ayant l'expérience de la grande pauvreté, lors de trois séances de plus de trois heures. Des séances qui ont notamment débouché sur des préconisations sur l'importance du choix et de la formation à la pédagogie.

En rédigeant l'Avis du CESE, nous avons découvert une situation préoccupante dans le domaine de l'orientation scolaire. Quelques chiffres l'illustrent : 72 % des élèves de SEGPA (Section d'enseignement général et professionnel adapté) sont issus de milieux très défavorisés et ils sont 80 % en ULIS (Unités localisés pour l'inclusion scolaire). Par ailleurs, 37 % des jeunes sortant de SEGPA passent un CAP très souvent non choisi et 63 % sortent sans aucun diplôme, sans aucune inscription à une formation et donc sans avenir…

À ATD Quart Monde, nous ne pouvions rester inertes face à ces chiffres. Est-ce notre fibre militante qui nous fait nous révolter face à cette injustice, à ces chiffres qui montrent le gâchis humain ?

Nous avons alors décidé de mettre en place un Croisement des savoirs©. Durant trois week-ends, des parents qui ont l'expérience de la grande pauvreté, des enseignants, des syndicalistes, des représentants de mouvements pédagogiques, des inspecteurs d'académie, des chercheurs, ont travaillé ensemble. Nous avions, grâce à une militante Quart Monde,

---

27 mai 2015 en même temps que Germaine Tillon, Pierre Brossolette et Jean Zay.

1 https://www.lecese.fr/travaux-publies/une-cole-de-la-r-ussite-pour-tous disponible sur le site www.lecese.fr.

établi un code pour faciliter les échanges : pour signaler un sigle incompréhensible, un participant disait : « Stop, ce mot est chimique ! »

Une série de constats et de questionnements sur l'orientation des élèves de milieux défavorisés ont été listés, que nous avons soumis à dix chercheurs reconnus les 6 et 7 avril 2018 – Patrick Rayou, Serge Boimare, Dominique Lahanier-Reuter, Hugo Dupont, Stanilas Morel, Mathias Millet, Jean-Claude Croizet, Serge Thomazet, Sylvain Connac, Grégoire Borst.

Voici ce que dit un parent militant Quart Monde présent à cette rencontre à la Maison Quart Monde à Montreuil :

> *On a voulu venir pour que ça change, pour que les professionnels de l'éducation nous écoutent plus, pour éviter l'échec scolaire dès le départ, et donc les orientations dans les écoles spécialisées qui auraient probablement pu être évitées.*

En conclusion de ces journées, ATD Quart Monde et ses partenaires ont lancé un appel à participer à cinq années de recherche sur l'orientation scolaire des enfants de milieux défavorisés. Une quinzaine d'écoles maternelles et élémentaires nous alors ont rejoints dans l'aventure CIPES. L'objectif est de mieux comprendre les mécanismes du déterminisme social qui privent ces jeunes du droit à choisir leur orientation, à l'origine de trop nombreux échecs.

On nous parle d'école inclusive mais notre système scolaire met en place de multiples manières d'exclure la difficulté, de l'extérioriser. Pour nous, équipe de CIPES, l'inclusion est le combat contre ces exclusions. Son résultat doit être le maintien de ces élèves dans la classe. Ce n'est pas l'enseignement spécialisé en tant que tel qui nous interroge mais les orientations subies. Nous les voyons comme le résultat d'un long processus d'exclusion de la classe ordinaire. Nous avons repéré, avec les militants Quart Monde, ces moments d'exclusion, que ce soit l'enseignant qui décourage l'élève, que ce soit ses camarades qui se moquent de lui ou encore l'élève lui-même coincé dans son conflit de loyauté.

Présidente du Mouvement ATD Quart Monde France, avant de conclure, je voudrais dire ici quelques mots de mon engagement aux côtés des personnes en situation de pauvreté, en particulier sur la question de l'école. Fille de parents militants, à seize ans j'ai entendu deux volontaires permanents d'ATD Quart Monde expliquer leur choix de vie. Ils avaient quitté leur emploi respectif de cadre supérieur et d'éducatrice pour aller vivre auprès des plus pauvres en France. Cela m'a interpellée. Je me suis mise à dévorer des livres publiés par l'association et je me suis abonnée à son journal.

J'ai rejoint ATD Quart Monde à vingt-et-un ans lorsque qu'avec Emmanuel, mon mari, nous avons décidé de choisir une association où nous allions militer ensemble. Nos rencontres avec Joseph Wresinski, le fondateur du mouvement, avec des volontaires permanents, des alliés et des militants Quart Monde nous ont bousculés. Ils nous ont surtout donné envie d'aller plus loin dans ce combat, ensemble, pour une société qui ne laisse personne de côté et pour une véritable égale dignité de tous. Forts de cet engagement, nous avons ensuite choisi de vivre dans des quartiers où la mixité sociale existe encore et nous avons inscrit nos enfants à l'école et au collège de proximité où se côtoient les différents milieux sociaux.

Malheureusement, dans notre société, la mixité sociale à l'école est majoritairement perçue comme un frein pour les apprentissages des élèves qui « marchent » bien. Avec ATD Quart Monde, j'ai acquis la conviction que partir de l'enfant qui a le plus de mal dans la classe ne pénalise en rien les meilleurs. Au contraire, quelle richesse de penser, d'apprendre et de développer son sens critique tous ensemble!

Lors de nos débuts à ATD Quart Monde, avec mon mari, nous avons découvert la communauté des gens du voyage, population très attachante qui tient tellement à sa liberté. Nous avons ainsi accompagné quelques années Pierrot, un enfant de dix ans qui ne savait ni lire ni écrire et n'allait pas souvent à l'école. J'ai pu mesurer concrètement les inégalités d'accès à l'éducation dans notre pays et tous les freins que nous mettons en place, consciemment ou non.

Ayant dû arrêter mon activité professionnelle, j'ai eu davantage de temps à consacrer à mon engagement. J'ai co-animé durant huit ans Tapori[1], la branche enfance du mouvement, pour la France. J'ai aussi été élue locale durant deux mandats à Saint-Michel-sur-Orge, en Région parisienne, avec pour ligne de conduite de chercher à agir localement avec les plus pauvres.

En octobre 2004, nous avons organisé un « Sénat junior des Tapori », une journée au Palais du Luxembourg avec plus de deux cent cinquante enfants venus de toute la France et issus majoritairement de milieux très défavorisés. Ils avaient préparé des questions pour interpeller des personnalités telles que le haut fonctionnaire Louis Gallois, le champion olym-

---

1 Branche enfance d'ATD Quart Monde, un courant d'amitié entre les enfants du monde.

pique Tony Estanguet… Je me souviens encore de la grande pertinence d'enfants marseillais vivant dans des logements insalubres.

Impossible de rester sans voix face à ces enfants, à ces adultes, ils m'apprenaient beaucoup, je me devais de faire connaître encore davantage leurs combats et montrer combien la société se prive d'intelligences.

Une autre chose, personnelle, me rend sensible aux inégalités scolaires. Très tôt, j'ai été passionnée par la photographie. J'ai eu la chance d'avoir des parents militants et ouverts aux souhaits de leurs enfants. Ils ont accepté mon choix d'aller dès la fin de la troisième, vers la formation professionnelle et de préparer un CAP photo. Encore aujourd'hui, je suis fière de dire que j'ai un CAP mais c'est un CAP que j'ai choisi, contrairement à nombre d'élèves actuellement qui se voient imposer une spécialité, une raison des nombreux décrochages en voie professionnelle. J'ai ensuite poursuivi mes études de photographie à l'école Louis-Lumière.

Je vais maintenant laisser la parole à ceux qui, mieux que quiconque, savent combien notre école est injuste, comment, sous couvert d'une méritocratie qui récompenserait les meilleurs et les plus « méritants », écarte, exclut et enfonce encore trop souvent ceux qui vivent une grande précarité, ceux qui n'ont pas la chance d'avoir des parents derrière, ceux qui n'ont pas les codes de l'école, enfin ceux que l'on catalogue trop vite parmi les élèves à problèmes et à qui on ne laisse pas de seconde chance alors que d'autres, mieux nés, en bénéficient.

Il ne faudrait toutefois pas s'y tromper : ces militants Quart Monde, avec qui j'ai eu des heures d'échanges au cœur de ce livre, placent aussi de nombreux espoirs dans l'école. Ils sont convaincus qu'elle leur permet, à eux et à leurs enfants, d'évoluer et de mieux s'insérer dans la société. Ils souhaitent que leurs enfants aient les mêmes chances que les autres, qu'ils aient accès à des parcours scolaires classiques, enfin qu'ils décrochent des diplômes leur permettant de choisir leur métier et de rêver ainsi à un bel avenir.

Je veux croire que ce livre, auquel participent aussi des enseignants et des chercheurs qui ont rejoint notre combat, fera avancer les choses vers ce à quoi nous sommes nombreux à aspirer: une école juste et émancipatrice, porteuse des valeurs d'humanité et de fraternité; une école qui va permettre à chaque enfant, à chaque jeune de notre pays de se former, de développer son esprit critique, d'être curieux; une école qui fait réussir tous les enfants quelle que soit leur origine. Une école fidèle à la promesse républicaine.

Paroles de militants
Quart Monde

« Je pouvais bien aimer l'école mais l'école ne m'aimait pas »

Franck, militant Quart Monde
à Nogent-le-Rotrou (Eure-et-Loire)

Franck, 52 ans, est un militant Quart Monde de Nogent-le-Rotrou (Eure-et-Loire). Issu de la communauté des gens du voyage, il est père de sept enfants dont la dernière vit encore à la maison et a huit petits-enfants. Il a travaillé en abattoir, dans le bâtiment, dans la vente… En arrêt suite à un accident du travail, il vit aujourd'hui avec des indemnités journalières et un RSA partiel.

Franck, qui est né à Chartres, a d'abord vécu en caravane avec ses parents. Puis la famille s'est installée dans un appartement dans une cité de Chanteloup-les-Vignes, dans les Yvelines.

Franck connaît ATD Quart Monde depuis 1989 et il milite depuis 1998. Il y est venu par le biais de sa belle-mère qu'il a accompagnée à une Université populaire Quart Monde à La Cave. Située dans le Quartier Latin, dans un sous-sol aux murs de pierres, La Cave était lieu où se tenait l'Université populaire Quart Monde à Paris. « ATD Quart Monde est la seule association qui parle vraiment des pauvres, qui n'apporte pas d'aide matérielle ou alimentaire et qui fait que le pauvre se sent plus utile qu'assisté, explique Franck, *et c'est ça le plus important. »*

* * *

L'école, ça s'est passé sans se passer. Je pouvais bien aimer l'école mais l'école ne m'aimait pas. C'était plutôt un calvaire qu'autre chose. On disait que j'avais des capacités mais que je ne voulais pas. On peut avoir des capacités et être empêché par l'environnement autour de soi.

J'étais insulté parce que je suis issu d'une famille des gens du voyage. Les personnes qui ne vivent pas comme les autres dans un appartement ou dans une maison, c'est forcément des clochards, des pouilleux… On est les boucs émissaires.

J'ai pris le parti de ne pas aller vers les autres, de ne pas parler, de m'enfermer sur moi-même, de recevoir la tempête et de faire le grelot pour ne pas être mouillé. Au début, c'étaient des bagarres et des insultes envers mes parents. Et puis quand quelque chose disparaît, c'est toujours toi qui es accusé.

Quand mes camarades m'injuriaient, les profs ne réagissaient pas. Ils voyaient mais je n'allais pas me plaindre, ça n'était pas dans mon caractère d'aller chouiner. Moi, c'était plutôt me défendre tout seul.

Tous les enseignants n'étaient pas pareils. Je me souviens d'une enseignante très douce, très proche de ses élèves, surtout les plus laissés de côté. Je me souviens d'un autre qui, comme je restais dans mon coin et que je ne décrochais pas un mot, m'appelait « l'homme de Cro-Magnon ». Je ne faisais plus attention.

Je n'ai pas eu de haine envers les enseignants. Non, mais j'ai eu de la haine envers les préjugés sur ton origine, sur l'endroit d'où tu viens, sur là où tu habites et comment tu habites.

J'ai appris tout seul à lire et écrire. J'ai une très bonne mémoire et quand des matières m'intéressaient comme le français et les dictées, je décidais de faire quelque chose et j'avais des résultats. Mais j'étais tellement pressurisé que ça ne m'intéressait pas plus que ça. Je ne voyais pas de finalité et quand tu n'as pas de visuel devant toi, ça ne donne pas envie de pousser plus loin.

J'ai fait l'école primaire. Le contexte familial était compliqué. Ma mère a été hospitalisée plus d'un an à Garches pour une sorte de poliomyélite. Mes deux sœurs ont été gardées par mes tantes. Moi, je suis resté avec mon père.

On était en caravane. Après le retour de ma mère de l'hôpital, il y a eu un orage et la caravane a brûlé pendant qu'on était parti en courses. Mon père a demandé qu'on soit relogé dans un appartement mais on lui a refusé, il y a eu des bagarres, il a été emprisonné. On s'est retrouvé à droite à gauche avec ma mère. On est finalement arrivé dans une cité qui était en construction. C'est comme ça que j'ai grandi dans un HLM à Chanteloup-les-Vignes.

Je suis allé peut-être un an au collège parce qu'entretemps je suis devenu un peu difficile. Je suis allé aux Orphelins d'Auteuil – aujourd'hui ce sont les Apprentis d'Auteuil – pendant deux ans, à Marcoussis, dans l'Essonne. Je n'ai pas été jusqu'au bout de la formation que j'ai commencé là-bas à cause de problèmes familiaux. J'étais en CAP horticulture option floriculture. Et puis ça ne s'est pas très bien passé avec mon père et j'ai fait des bêtises, quelques cambriolages. Je me suis retrouvé emprisonné à dix-sept ans et demi à la prison de Bois-d'Arcy, dans les Yvelines.

J'ai arrêté l'école vers quatorze-quinze ans. Mes parents avaient divorcé, j'étais resté avec ma mère. À seize ans, je suis parti aux vendanges, en Champagne. Entretemps ma mère s'est retrouvée sous le coup d'une expulsion. Elle a sauté du premier étage et elle a dû être hospitalisée. Je suis rentré. J'étais tout seul dans l'appartement, les huissiers ont déboulé avec les déménageurs et la police. Ils voulaient m'emmener aux services sociaux, je me suis sauvé et je suis allé chez mon père.

Après j'ai travaillé et j'ai connu celle qui allait devenir mon épouse. J'ai été ouvrier dans le bâtiment, employé en libre-service dans ce qu'on appelait les magasins Continent, etc. J'ai fait plein d'autres choses.

Le métier que j'aurais voulu faire si la caravane n'avait pas brûlé, ça aurait été comme mon père, de la ferraille, des métaux, peut-être aussi du bâtiment mais en tant qu'auto-entrepreneur.

Avec mon épouse, on est parti habiter à Nogent-le-Rotrou, chez ma mère dans un premier temps. Puis, j'ai demandé un appartement. On ne voulait pas me le donner, c'est toujours pareil… Pourtant je travaillais mais pendant un an et demi, on me l'a refusé. Nogent-le-Rotrou, c'est la ville où mon père est né, où mes cousins sont nés, où mes grands-parents sont arrivés en roulotte et où ils ont été parqués sur le tas d'ordures de la ville… Il y a eu beaucoup d'histoires et de bagarres. J'ai insisté, je suis allé voir le maire et je lui ai dit que j'irais camper devant sa maison tant qu'il ne me donnerait pas d'appartement. Finalement j'en ai eu un. Maintenant, nous sommes dans une maison, dans un lotissement HLM.

Pour mes enfants, l'école, ça a été compliqué. Plusieurs ont été détectés dyslexiques. Une de mes filles a été complètement laissée de côté parce qu'elle n'y arrivait pas. Elle a été la première à atterrir en SEGPA. Les trois autres derrière ont suivi. En fait, mes quatre premiers ont été orientés en SEGPA, systématiquement. La dernière y est allée aussi mais, à un moment donné, elle a en partie réintégré le cycle ordinaire. Elle suivait certaines matières dans le cursus général avec les autres élèves.

Mes trois autres enfants sont restés dans un parcours classique. Ils ont été jusqu'au lycée, un a eu un bac pro en alternance en lycée professionnel. Ils travaillent : un en usine, l'autre dans un magasin et l'autre fait des petits boulots.

J'ai toujours fait en sorte que mes enfants fassent de leur mieux en les aidant du mieux que je pouvais. Avec mon épouse, pour les devoirs le soir, on faisait ce qu'on pouvait. On exigeait déjà qu'ils fassent leurs devoirs !

Au début, ça n'a pas été simple pour moi de retourner à l'école et d'aller voir les professeurs. J'y suis allé parce qu'un de mes enfants m'a dit un jour : « Il y a une réunion, il faut que tu viennes, les autres parents y vont, pourquoi pas toi ? »

Il y a sûrement un traumatisme qui faisait que pousser la grille d'une école, c'était compliqué. Et mon épouse aussi parce qu'elle a été très traumatisée, enfant, à l'école. Après, quand tu fais l'effort, que la personne en face de toi fait l'effort de t'écouter et que tu ne sens pas qu'elle te juge, ça se passe beaucoup mieux.

J'ai fait partie du conseil des parents d'élèves pour montrer à mes enfants que ce qu'ils font à l'école, ce qui s'y passe, les programmes, tout ça m'intéresse. Je voulais aussi montrer que si je n'étais pas allé au lycée et que je n'avais pas fait de bonnes études, j'étais capable de m'occuper de ce qu'apprenaient mes enfants. Et que c'était important pour moi parce qu'ils ont autant le droit d'apprendre que les autres.

Après la SEGPA, au collège où allaient mes enfants, les élèves échouaient systématiquement en CAP vente, mais vente multiservices, c'est-à-dire vente dans les supermarchés et les hypermarchés. Et ça ne plaisait pas à mes enfants. Aucun n'a fait ce CAP. Un de mes fils s'est dirigé vers un CAP maçonnerie et il est allé, malgré son passage en SEGPA, jusqu'au Bac Pro bâtiment maçonnerie. Un autre est allé en BTS secrétariat. Une de mes filles a décidé d'aller vers un CAP Aide à la personne en milieu rural. Et elle l'a eu. Elle fait ce qu'elle voulait faire. Celle qui vit encore à la maison avec nous a fait son CAP d'horticulture en deux ans. Elle l'a eu et elle est maintenant en première année de CAP fleuriste. Elle aussi a choisi.

Avec mon épouse, on a fait en sorte qu'ils puissent faire leur CAP et être internes quand c'était nécessaire, en se privant de choses inutiles, en privilégiant leurs souhaits à eux pour qu'ils s'épanouissent dans ce qu'ils veulent faire, parce qu'aller vers un truc que tu ne veux pas faire, ce n'est pas motivant.

Mes enfants ont atterri en SEGPA parce qu'en primaire, on ne les a pas aidés alors qu'ils avaient des difficultés. Les classes étaient trop chargées et on n'avait pas le temps de s'en occuper.

Il y avait aussi une part de préjugés, c'est évident. Dans les quartiers défavorisés, en ZEP, ceux qui y arrivent, c'est bien pour eux, mais ceux qui n'y arrivent pas, on ne les aide pas parce qu'on considère que ça ne sert à rien, que c'est du temps perdu. On sous-entend que, comme les parents ne sont pas très évolués au niveau scolaire, il n'y a pas de raison pour que les enfants le soient.

Par rapport à la SEGPA, j'ai découvert un jour, alors que les deux premiers y étaient déjà, qu'on aurait dû être consultés et qu'il y avait un volet social dans l'orientation. En gros, une assistante sociale devait se mettre en rapport avec nous parce que, pour une orientation scolaire, il faut l'autorisation parentale, sauf que là, pour nous, il y avait eu orientation en SEGPA sans autorisation parentale.

Comment j'ai appris ça? Un jour un instituteur qui respectait la procédure plus que les autres, m'a dit: « Je demande une orientation SEGPA pour votre enfant mais vous serez convoqué par l'assistance sociale. » Et il m'a expliqué que dans le cadre de la loi, je devais être convoqué par une assistante sociale pour donner mon accord ou pas, pour qu'elle m'informe, et que j'avais le dernier mot, que je pouvais refuser l'orientation. Pour cela, il me suffisait de ne pas signer. Je suis allé voir l'assistante sociale et je lui ai demandé si c'était nouveau. Elle m'a répondu: « Non Monsieur, vous avez déjà des enfants qui ont été orientés et j'ai vu que vous avez signé. » Je lui ai dit que ce n'était pas ma signature, que je n'avais jamais rien signé. Elle m'a dit: « Ah bah, mes collègues ont dû le faire pour vous. » De quel droit ses collègues se permettaient de signer? C'est violent d'entendre ça.

Les parents qui sont dans une situation de précarité comme nous et qui ont eu des difficultés dans leur jeunesse avec l'école, se battent très peu contre ce système d'orientation SEGPA et pour que leur enfant reste dans un cursus classique. À partir de là, forcément les académies font dans la facilité et se disent qu'ils vont accepter sans sourciller.

Une chose est claire pour mes enfants qui ont été en SEGPA : ils auraient voulu faire des études plus longues que celles qu'ils ont faites, ça n'aurait pas été possible. Je suis désolé de le dire mais pour moi, les SEGPA ce ne sont pas des classes d'apprentissage sur les matières scolaires. C'est simplement des trucs où les gosses doivent faire des stages en entreprise et où on leur donne un niveau de connaissances CM1-CM2 en fin de cycle. Ce ne sont pas des classes pour apprendre mais des classes pour les faire patienter parce que l'école est obligatoire jusqu'à seize ans. Au moins lorsqu'ils sont là, on sait où ils sont et ils font toujours partie du système scolaire. Donc l'institution a respecté ses engagements en faisant en sorte qu'ils soient intégrés dans le système scolaire sauf que ce n'est pas le système scolaire classique. En fait, je me demande parfois s'il n'y a pas deux écoles...

Je ne vais pas dire que c'est totalement de la faute des enseignants. C'est plutôt la faute d'un système. Beaucoup d'enseignants font ce qu'on leur dit. Comme des entrepreneurs, ils ont des cahiers des charges, des matières à enseigner, des choses à distiller, et quand ces choses ne sont pas distillées correctement, le système fait qu'on oriente les enfants là ou là, en classe ULIS, en classe CLIS...

Il y a des instituteurs qui restent dans le cadre établi du scolaire et d'autres qui essayent de faire des choses. Ils ont des sensibilités différentes. Certains vont plus aller vers les intérêts des élèves, d'autres iront plus vers l'intérêt de l'institution scolaire.

C'est important de réussir sa scolarité à l'école. Si tu ne réussis pas, bien souvent tu échoues dans ta vie d'adulte parce qu'il y a plein de barrières qui n'ont pas été ouvertes, et sans l'école tu n'as pas les codes pour les ouvrir et que ce sont les plus difficiles à ouvrir.

Après, les diplômes, ce n'est pas forcément très important pour réussir sa vie. Il y a des enfants qui n'en ont pas, même après un cursus général, et qui arrivent à s'en sortir dans la vie.

L'important, c'est de pouvoir faire ce qu'on veut et, pour nous les parents, d'aider ses enfants au maximum à aller sur le métier qu'ils veulent faire selon leurs capacités.

Je disais simplement à mes enfants que s'ils avaient envie de faire des choses, s'ils s'en sentaient capables, qu'ils n'aient pas peur et qu'ils tentent. S'ils se ramassaient, au moins ils auraient essayé.

L'école idéale ? Ce serait plus d'aide individuelle pour les enfants en difficulté, avoir un rythme moins soutenu. Quand il y a des élèves en difficulté, il devrait y avoir dans la classe un autre instituteur qui soit là pour les aider individuellement. Après, c'est une volonté politique, de faire en sorte que, en mettant des soutiens plus importants, que les enfants puissent aller vers ce qu'ils veulent.

Quand on dit que dans les quartiers difficiles tous les élèves ont du mal, ce n'est pas vrai. Il y en a avec des parents qui ont des difficultés, qui arrivent à apprendre au même rythme que les autres et qui vont dans un cursus général. Ils peuvent ensuite aller vers des diplômes plus importants. C'est surtout les enfants qui ont les plus grandes difficultés de mémoire, de compréhension, que l'on n'aide pas assez.

Certains responsables politiques ont tenté des choses. Mais est-ce qu'ils avaient vraiment la volonté que ça aboutisse ? Est-ce qu'ils ont tenté des choses sous la pression des parents d'élèves ou d'autres et qu'ils n'avaient pas vraiment l'intention que ça aille jusqu'au bout ? De toute façon, je pense qu'en France aujourd'hui, l'école n'est pas la priorité. Alors que ça devrait l'être !

Mais on ne peut pas faire autrement que d'avoir de l'espoir. Si on n'espère plus, on n'avance plus. Il y a toujours l'espoir qu'un jour ou l'autre, les responsables politiques prennent conscience que l'importance d'une vie ce sont les premières années, et ces premières années, c'est le scolaire.

En même temps, je dirais qu'on a la société qu'on mérite. À partir du moment où la majorité des parents d'élèves, qu'ils soient issus de la classe moyenne, de la classe défavorisée ou de la classe supérieure, est satisfaite du fonctionnement du système scolaire, la minorité qui n'en est pas satisfaite n'aura jamais gain de cause.

En fait, je pense qu'avant de convaincre les politiques, il faut convaincre les associations de parents d'élèves, les professeurs des écoles… que l'important, c'est de faire le maximum pour que tous les enfants réussissent. Si ces personnes-là ne sont pas convaincues, alors ceux qui sont au-dessus ne vont pas avoir de pression. Et s'ils n'en ont pas, pourquoi former plus de professeurs, pourquoi aller plus loin ? Dans leur tête, ils doivent se dire : « Après tout, ce n'est pas parfait, mais si ça marche à 90 %, tant pis pour les 10 % d'élèves pour qui ça ne marche pas. »

Ce qui me fait croire que c'est possible de changer les choses, c'est que je participe au projet CIPES et que je suis allé observer une classe à Lille dans une école primaire où l'institutrice prenait vraiment en considération tous les élèves, y compris ceux en difficulté. Elle les traitait de façon différente, appropriée à chacun. Ce n'était pas des classes très chargées. En plus, il y avait des systèmes d'aide RASED

(Réseau d'aides spécialisées aux élèves en difficulté) où les élèves en grande difficulté vont travailler certaines matières avec un instituteur. Puis ils reviennent dans la classe.

Cette école avait une manière de faire différente de ce que j'ai connu, moi et mes enfants. Il y avait plus d'humain, moins de robotisé, plus d'écoute et d'attention à l'enfant. Ils incitaient l'enfant qui avait des difficultés à dire ce qu'il avait compris et ce qu'il n'avait pas compris, à chercher pourquoi. Les enfants s'entraidaient, celui qui avait compris expliquait à celui qui n'avait pas compris. C'est une approche très intéressante.

Il y avait là des gamins qui venaient par exemple des communautés roms et on les aidait vraiment. Il y avait une coopération entre les élèves les plus doués et les moins doués. Les faire travailler ensemble, même par deux, ça aide ! L'enfant qui est bon explique et l'autre se sent valorisé – « on fait attention à moi, il m'explique pour que j'apprenne aussi bien qu'eux ». Ne pas rester dans l'individuel, c'est hyper important surtout qu'à cet âge-là, ils apprennent entre eux plus facilement.

Et puis ça crée une cohésion entre les élèves. Ils sont plus enclins à s'entendre et il y a moins de conflits.

J'ai d'ailleurs remarqué qu'il n'y avait pas de disputes, pas de chahuts dans la classe. Un élève dissipé, on ne le disputait pas. L'institutrice allait le voir gentiment, lui disait de se calmer et lui demandait ce qu'il avait. L'élève reprenait son travail et un autre venait l'aider. Ça m'a bluffé.

À mon époque, il n'y avait pas de coopération, ni dans les classes de mes enfants. C'était plutôt du travail individuel, peu de collectif ou de travail en petits groupes.

Pour moi, ça prouve que si on veut mettre des choses en place, on en est capable. Il y a des solutions. La preuve, c'est que dans cette école on en a trouvé. On peut les appliquer ailleurs ou en trouver d'autres. Si on va tous dans la même direction, on peut faire progresser les enfants qui apprennent le moins facilement et les amener vers un parcours classique.

C'est peut-être ça, l'école idéale. Il faut mettre le paquet au début, en primaire. Il faut qu'il y ait plus d'adultes, plus d'enseignants, des classes moins chargées, plus de temps aussi pour les élèves en difficulté. Parce que c'est là que tout se joue. Arrivé au collège, c'est trop tard. Ce que j'ai vu est encourageant. Tout est possible quand on se donne les moyens.

« On m'a mise à la Mission locale »

Céline, militante Quart Monde à Brest

Céline, 33 ans, est originaire de Lyon et vit à Brest depuis dix ans. Elle a deux enfants, un garçon de six ans né grand prématuré qui est en situation de handicap et une petite fille qui va avoir quatre ans. Avec des parents qui étaient déjà engagés dans le mouvement, Céline dit qu'elle est « tombée dans la marmite ATD Quart Monde à cinq ans ». À Brest, elle co-anime le groupe Jeunes local.

Céline ne travaille pas. Elle est restée mère au foyer plus longtemps qu'elle l'aurait voulu, explique-t-elle, parce que l'école maternelle n'a accepté de prendre son fils à trois ans que quelques heures par semaine. Après avoir bataillé, elle a obtenu, à la rentrée dernière, qu'il intègre la classe à temps complet. Céline envisage désormais de retrouver un emploi. En attendant, aidée par les membres du groupe Jeunes d'ATD Quart Monde, elle a décidé de préparer le CAP Petite enfance par correspondance.

* * *

J'ai commencé l'école à Lyon et ça s'est bien passé de la maternelle jusqu'au CE2. J'ai redoublé mon CE2 parce que ma mère était hospitalisée. La maîtresse m'a dit alors : « Tu redoubles parce que ta mère est folle. » Ça m'a fait un coup. Après, on a déménagé pour des tas de raisons. J'ai fait mon redoublement de CE2 et mon CM1 à Vénissieux. Là, ça ne s'est pas bien passé, ni avec le maître ni avec les élèves. Après, j'ai fait mon CM2 à La Duchère et ça s'est très bien passé.

Ensuite j'ai commencé le collège à La Duchère et j'ai redoublé la sixième. Avec mon niveau scolaire, c'était compliqué. Je n'avais pas de bonnes notes et ça ne se passait pas bien avec les autres élèves, donc je manquais beaucoup. J'ai redoublé ma sixième à La Duchère et comme j'avais beaucoup d'absences, ils ont décidé de me mettre en internat où j'ai fait une petite partie de ma cinquième. Je supportais mal l'éloignement. Donc je suis revenue dans mon ancien collège en janvier. Entretemps, j'étais presque déscolarisée. Je suis revenue dans mon ancien collège finir ma cinquième mais ça ne s'est pas bien passé.

Puis je suis passée en quatrième dans un autre collège et mes notes, ça n'était pas ça. J'ai redoublé ma quatrième mais dans un autre collège. À seize ans, j'ai été placée en foyer et c'est là que j'ai fait mon redoublement. Mon professeur principal de l'époque voulait que je fasse une troisième d'insertion pour passer le brevet et en même temps découvrir les stages mais le foyer n'a jamais voulu. Ils m'ont fait arrêter parce que ça aurait été soi-disant la honte d'avoir dix-huit ans et de sortir de troisième, parce que je suis restée dans ce foyer de seize à dix-huit ans. Du coup, j'ai arrêté l'école. Ils m'ont inscrite à la Mission locale où j'ai fait plusieurs stages, des remises à niveau qui ne m'ont menée à rien, à aucune formation, à aucun diplôme.

À l'école, ma meilleure année a été le CM2. Dans les autres écoles avant, on était en banlieue et ça se chamaillait beaucoup. Mais en CM2, j'avais une copine et le professeur était très gentil. Il m'a donné envie d'apprendre. Il avait vu mes difficultés. J'étais souvent avec les plus petits, ils venaient vers moi, c'était une bonne année.

Après, en quatrième, avant de redoubler, c'était une bonne classe aussi, et avec les autres élèves c'était bien. Quand j'ai été hospitalisée, ils m'ont écrit une lettre pour me dire qu'ils espéraient que je revienne vite au collège, que je leur manquais. Ça m'a fait du bien de savoir que j'étais appréciée, pas comme dans le collège d'avant.

En fait, j'étais contente d'aller à l'école quand il y avait des profs qui donnaient envie d'apprendre. Si ça se passait moins bien, je n'avais plus envie d'y aller. Comme pendant ma dernière année de quatrième où j'avais une professeure d'anglais qui m'a rabaissée et humiliée en classe. Du coup, je séchais les cours, je faisais même des faux mots d'excuse signés de mon foyer tellement j'avais peur d'aller dans son cours. Le foyer s'en est aperçu. Ils m'ont emmenée voir le surveillant et j'ai expliqué pourquoi je ne voulais plus aller dans sa classe.

À l'époque, j'étais timide et je n'arrivais pas à dire les verbes. La professeure d'anglais a cru que je ne voulais pas les dire et elle s'est énervée contre moi. Elle a vidé ma trousse, elle m'a rabaissée devant les autres. Avec elle, j'avais toujours de mauvaises notes alors qu'en sixième, l'anglais ça marchait bien.

La même année, j'avais comme professeur principal le professeur d'histoire-géo. Lui me donnait envie d'apprendre et j'avais de bonnes notes. Il a rencontré mon père pour lui expliquer que je pouvais, en travaillant, avoir le brevet et en même temps découvrir des métiers. Les gens du foyer ont refusé de l'écouter alors qu'en tant que professeur principal il était mieux placé qu'eux pour savoir ce que valaient les élèves.

Donc j'ai quitté l'école en quatrième et je n'ai pas eu le brevet. J'étais à la Mission locale. J'ai fait des formations, plein de stages dans différents milieux. J'ai fait un stage à ATD Quart Monde, et d'autres en horticulture, en maison de retraite et dans un centre de vacances. Mais la seule chose qui m'intéressait était de travailler dans la petite enfance. La Mission locale disait que si je faisais des remises à niveau, je pourrais aller dans une école qui y prépare mais qu'il y en avait très peu. Le foyer disait que je n'y arriverais pas. Ils me disaient qu'ils avaient essayé de m'inscrire soit dans une école pour faire un CAP couture, soit dans la restauration, l'un à Albertville, l'autre à Chambéry. Mais moi, je n'avais pas envie de faire ça et en plus, d'aller très loin faire des formations qui ne me plairaient pas.

Comme on ne me demandait jamais mon avis, j'ai quitté ce foyer pour passer une année dans un autre foyer qui s'appelait La Casa. À presque dix-neuf ans, j'en ai eu marre et je suis partie. Je suis rentrée chez mes parents. J'ai continué avec la Mission locale et là, à chaque fois, il fallait refaire une mise à niveau. Là aussi, j'en ai eu assez et j'ai arrêté. Les remises à niveau ne débouchaient sur rien. Alors j'ai essayé de faire de mon côté un CAP petite enfance par correspondance, mais je n'avais pas de soutien, sauf un peu ATD Quart Monde. J'étais seule, je me suis découragée et j'ai laissé tomber.

Je suis partie à Brest quelque temps rejoindre mon copain de l'époque. Je suis revenue et je n'ai rien fait jusqu'à mes vingt-cinq ans. Là, comme j'avais des difficultés, on m'a conseillé de faire un dossier MDPH (Mission départementale pour personne handicapée). Et maintenant, j'ai la MDPH.

J'ai refait une formation mais j'ai dû arrêter au bout de deux mois pour des raisons de santé parce qu'ils avaient peur que je fasse une grossesse prématurée. Plus tard, après la naissance de ma fille, j'ai eu l'accord pour travailler en ESAT (Établissement et service d'aide par le travail). Il aurait fallu que je les contacte pour faire un stage mais je n'ai pas pu car l'école bloquait pour prendre mon fils en maternelle et j'ai dû rester à la maison.

Je trouve qu'on ne m'a pas laissé ma chance mais ce n'est pas à l'école que j'en veux, ce n'est pas eux qui m'ont fait arrêter en quatrième, c'est le foyer. Si j'avais pu aller jusqu'au brevet, j'aurais eu quelque chose. Il y a des cours que j'ai beaucoup aimés parce que les profs donnaient envie d'apprendre. En quatrième, j'aimais l'italien, l'histoire et la géo dès la sixième ainsi que l'art plastique et la science de la vie et de la terre. Les maths, ça n'était pas la peine.

Mes parents avaient été en pension depuis l'âge de six ans. Ils avaient eux-mêmes des difficultés. Donc pour les devoirs, ils ne pouvaient pas m'aider mais s'ils savaient quelque chose, ils m'apprenaient. Quand je manquais, ils me disaient que l'école, c'était important. Des fois, on me proposait des soutiens scolaires.

J'étais contente quand mon fils est rentré en maternelle. Mais j'ai été vite démoralisée quand j'ai vu que sa maîtresse de petite section le prenait seulement trois heures dans la semaine. On m'avait dit que petit à petit, ça augmenterait mais ça ne s'est jamais fait.

Je me suis battue avec le CAMPS (centre d'accueil médicosocial précoce) où mon fils était suivi. J'ai même fait appel à la Défenseure des droits l'année dernière. Elle a envoyé une lettre et du coup, en moyenne section, il allait en classe une heure et demie quatre fois par semaine. Il a fallu attendre la grande section pour qu'il y aille une matinée. Après, on a demandé une AVS (auxiliaire de vie scolaire) mutualisée pour qu'il puisse y aller toute la journée puis une AESH (accompagnant des élèves en situation de handicap) à temps complet.

Quand ma fille est rentrée à l'école l'année dernière, je ne l'ai pas inscrite dans la même école mais dans une école privée pour qu'elle n'ait pas la même maîtresse que mon fils en petite section.

Après toute cette bataille, ils ont fini par prendre mon fils toute la journée mais il a redoublé. Ça n'est pas grave scolairement. La maîtresse a dit il n'y a pas longtemps que maintenant, il sait faire des trucs de grande section. Je me dis que si on lui avait donné sa chance, il aurait pu apprendre plus de choses même s'il a toujours des difficultés. Maintenant il a une orientation IME (institut médico éducatif). En attendant qu'il y ait une place, il va aller en ULIS.

Pour prendre toutes ces décisions, on a parlé avec le CAMPS qui nous a aidés à nous orienter dès la petite section. Mais la maîtresse, au lieu de nous réconforter, nous a enfoncés. Elle disait par exemple que mon fils ne devait pas venir le mercredi matin parce qu'il y a chorale et que ça ne servirait à rien parce qu'il a des difficultés pour parler.

Le CAMPS s'est vraiment battu avec nous pour qu'il aille plus à l'école. Ils trouvaient comme nous que ça lui ferait du bien, que c'était important pour qu'il se socialise, mais l'école n'a jamais voulu entendre, même la directrice.

Son handicap, c'est un retard de développement et un trouble de l'attention. Comme il n'y a pas de rapport avec sa naissance prématurée, il faudrait que je prenne rendez-vous avec le généticien et le neuropédiatre pour savoir si c'est d'origine génétique.

Pour ma fille, l'année dernière s'est très bien passée. Les professeurs étaient gentils et à l'écoute. J'ai même été surprise le premier jour : on m'a demandé si elle restait à la cantine et si elle faisait la sieste. On ne m'avait jamais posé la question, j'étais contente que cela se passe comme ça. Cette année, c'est un peu plus compliqué, ma fille est moins contente d'aller en classe. Peut-être que c'est son eczéma qui pose un problème, c'est souvent le cas avec les maladies de peau. Mais je n'ai pas réussi à lui faire dire. La maîtresse m'a dit que c'est une bonne élève, qu'elle travaille bien et qu'elle a des copines et des copains.

Évidemment, comme c'est une école privée, ça demande un effort financier avec l'école, la cantine. C'est surtout que cette année, on a en plus la psychomotricienne libérale et l'orthophoniste libérale. Le budget est serré. Alors, cette année on n'a pas remis les enfants au centre de loisirs. Mais ça ira mieux l'année prochaine parce que, comme je ne peux pas travailler en tant qu'aidante familiale, le CAMPS a fait pour moi une demande de PCH (prestation de compensation du handicap) et un complément puisque je paye la psychomotricienne. Ça a pris des mois à se mettre en place et ça devrait arriver à la fin du mois. Ça fera du bien. Normalement, l'orthophoniste sera remboursée par la mutuelle du papa.

À l'école de mon fils, il y a une maman avec qui je parlais souvent parce que sa fille est trisomique et une autre maman dont le fils allait au CAMPS. On arrive un peu à échanger. Je n'ai pas de contact avec d'autres parents à l'école de ma fille. Alors j'essaie de la faire parler sur la cantine, sur ce qu'elle a fait, mais ce n'est pas facile de lui faire dire des choses. Mon fils, lui, commence à raconter plus. Des fois c'est un secret et il ne veut pas raconter, mais des fois il est fier de montrer ce qu'il a fait, comme avec les dinosaures.

Pendant le COVID, on recevait par l'école des devoirs que j'essayais de faire à ma manière. Nous étions suivis par l'équipe, ils me donnaient des conseils et j'essayais de faire des choses manuelles que mon fils savait faire mais je ne le forçais pas. C'était compliqué. J'essayais aussi de faire des sorties. On faisait le tour du quartier puis on rentrait vite parce que je n'étais pas tranquille.

Mon mari travaille, fait le ménage, il est agent de service dans une entreprise adaptée. Comme moi, il a eu un parcours scolaire difficile. Il a été en CLIS (classe pour l'inclusion scolaire) mais lui, il a eu son CAP, un CAP espaces verts. On aimerait bien que notre fils, même s'il n'ira pas aussi loin que sa sœur, arrive à avoir un CAP. Ce serait une joie. Et si sa sœur peut aller plus loin que nous, ce sera une fierté.

Mais on a des inquiétudes déjà avec le gouvernement qu'on a. Là, avec les futurs présidents, je ne sais même pas pour qui voter. Quand j'entends Éric Zemmour dire qu'il est contre l'inclusion des enfants handicapés, ça me dépasse.

Déjà, si les profs étaient mieux formés sur le handicap, ça serait bien. Mais pour moi, l'école idéale serait qu'il y ait davantage d'AESH et que tous les enfants aient réellement les mêmes chances.

« Si tu loupes le train, il n'y a pas de rattrapage »

Vincent, militant Quart Monde à Bron, près de Lyon

À 38 ans, Vincent est déjà un « vieux » militant d'ATD Quart Monde. Il a connu le mouvement enfant avec sa grand-mère qui en était membre. En 2008, il a rejoint le groupe Jeune. Depuis il a parcouru du chemin : il a notamment intégré le groupe politique et animé un groupe Tapori. Aujourd'hui, il fait partie du comité de pilotage de l'expérimentation CIPES sur l'orientation scolaire, lancée par ATD Quart Monde et ses partenaires.

Avec sa femme Élodie, tous deux ont été des piliers des Universités populaires Quart Monde de la région Rhône-Alpes. Ils ont aussi le projet de remonter avec d'autres le réseau école d'ATD Quart Monde dans la région. Ils sont tous deux membres du conseil d'administration d'ATD Quart Monde France.

Vincent a grandi dans le quartier de La Duchère, dans le 9e arrondissement de Lyon. Il vit aujourd'hui à Bron, dans l'agglomération lyonnaise, avec sa femme et leurs trois enfants. Vincent est employé municipal à la ville de Lyon. Il travaille dans les écoles où il s'occupe de l'entretien intérieur et extérieur.

* * *

Mon parcours scolaire a débuté à l'école de mon quartier, l'école de La Duchère. En primaire, j'ai redoublé mon CM2. Au collège, je n'ai pas redoublé. À la fin de la troisième, je suis parti en STI (sciences et technologies industrielles), c'était à l'époque Génie mécanique. Après au lycée, j'ai redoublé ma seconde et j'ai eu mon bac la deuxième fois.

Quand j'étais en troisième et que j'ai entendu le conseiller d'orientation m'envoyer en STI, j'ai eu l'impression que j'allais travailler pour la NASA. En fait, je me suis retrouvé sur une tourneuse fraiseuse.

Ils m'ont envoyé là-bas parce que j'étais bon en technologie au collège. Moi, je ne savais pas trop. J'y suis allé mais ça ne me plaisait pas du tout. Je me suis accroché pour avoir le bac.

Mon projet après le bac était de me réorienter. Je voulais faire une école d'éducateur spécialisé. Je m'étais renseigné. Mais après, quand j'ai eu le bac, on m'a dit que, vu mon parcours scolaire, je n'avais aucune chance d'entrer dans ces écoles, que ça n'était pas pour moi. On m'a dit qu'il aurait fallu que je fasse une filière plus sociale alors que j'étais passé par une filière technique.

Maintenant, avec le recul, je me dis que j'aurais pu insister mais, à l'époque, je n'étais pas armé comme je le suis aujourd'hui. Je ne savais pas grand-chose du système scolaire et de son fonctionnement. J'ai été dégoûté. Je n'ai pas insisté et je suis parti en BTS ATI (assistant technique d'ingénieur). C'était un peu la continuation de mon bac. Je n'ai pas fini ma première année, ça ne me plaisait pas.

J'ai regretté et je n'ai jamais repris l'école. J'ai commencé à travailler au McDo, j'ai fait de l'intérim, j'ai fait pas mal de « merdes » avant d'avoir la chance en 2008 de rentrer à la Ville de Lyon. J'ai commencé en tant que saisonnier et, comme ils étaient contents de moi, ils m'ont gardé.

Arrêter l'école, ça a été compliqué. Mes parents croyaient en moi, ils me soutenaient. Mon père est arrivé d'Espagne à seize ans, il n'a jamais été à l'école en France, il a travaillé direct. Ma mère est tombée enceinte de moi à seize ans, elle a donc quitté l'école. Mes parents n'ont pas de diplôme et n'ont pas été longtemps à l'école.

Sur l'école, ils n'y connaissaient pas grand-chose. Ils avaient l'espoir que j'allais faire des études et trouver un bon métier. J'appréhendais leur réaction quand j'ai décidé d'arrêter le BTS. Pendant des mois, je ne leur ai rien dit. Je partais le matin à l'école comme si de rien n'était et j'allais traîner dehors.

J'ai un petit frère. Il est handicapé et n'a jamais suivi une scolarité normale. Il était en IME et maintenant il est en centre de jour pour personnes handicapées. Il a eu un parcours différent.

Du coup, comme j'étais le seul à faire une scolarité normale, il y avait de la pression de la part de mes parents.

J'ai eu un bac qui encore aujourd'hui ne me sert à rien. Pour moi c'est juste un papier, je n'ai rien pu faire avec.

Les conseillers d'orientation, je n'ai pas vraiment de très bons souvenirs. Dans ma classe de troisième, il y a un élève qui est parti en filière générale, en S. Et encore, ils ne voulaient pas l'envoyer, alors les parents sont montés au créneau. On était quatre ou cinq à partir en STI. Puis le reste allait en BEP, CAP… Certains sont sortis de l'école, carrément. En troisième, il y avait déjà plein de copains qui avaient arrêté, j'en connais même qui ont arrêté avant seize ans.

Pour moi, clairement on était marqué d'office. Après, on peut se demander aussi si on avait le niveau parce que dans le collège où j'étais, pour bosser c'était compliqué. Un collège de quartier où c'était le bordel tout le temps. Certains profs, il aurait fallu leur donner des médailles pour ce qu'ils vivaient à longueur de journée. Il se passait des trucs de fou, des profs recevaient des trucs en plein cours, ce n'était pas un climat propice à l'enseignement tout simplement.

La techno, c'était une matière que j'aimais bien, je me débrouillais pas mal. J'aimais aussi beaucoup l'histoire-géo. Les matières qu'on aime bien, on prend du plaisir à apprendre, et j'avais de bonnes notes.

Au collège, les profs n'étaient pas trop encourageants. Au lycée, c'était différent. Je n'étais plus dans mon quartier. J'étais au lycée Diderot, vers la Croix-Rousse. Là, on était déjà plus mélangé, il n'y avait pas que des gens du quartier. Au collège, j'avais l'impression que les profs n'avaient qu'une hâte, c'est que la journée s'arrête et qu'ils rentrent chez eux.

Au lycée, j'ai eu des profs qui m'ont plus marqué. C'était plus facile pour eux de travailler, les conditions étaient meilleures. Et puis, il faut dire ce qui est : au lycée, il y a déjà un tri qui a été opéré. En gros, les plus perturbateurs ne sont plus là, donc dans les classes c'est moins le chaos.

Aujourd'hui, ma vision de l'école a changé parce qu'on a beaucoup travaillé sur le sujet avec ATD Quart Monde. Mais, à l'époque, j'avais la haine contre l'école. Je n'avais pas eu ma chance. Après avoir arrêté le BTS, j'avais beaucoup de colère en moi.

C'était une période pas facile parce que je faisais, entre guillemets, des « boulots de merde », une période où je n'étais pas bien. J'en voulais beaucoup à l'école et au système. J'étais convaincu que si je me retrouvais dans ces boulots, c'est que j'avais grandi dans mon quartier. Je suis persuadé que si j'avais grandi ailleurs, je n'aurais pas eu ce parcours. Je trouvais ça injuste.

En plus, ça faisait dix ans que je voyais mes cousins plus jeunes que moi qui vivaient les mêmes choses et qui sortaient du système. C'était même pire pour eux car moi je suis allé jusqu'au bac et en première année de BTS. Eux se sont arrêtés bien avant. Je voyais aussi que dans mon quartier c'était pareil pour tout le monde. J'étais en colère parce que c'était injuste, qu'on allait faire comme nos parents, comme nos grands-parents. L'ascenseur social était cassé.

Mon père a travaillé dans une boîte à la chaîne. Pendant de nombreuses années, quand mon frère était petit, ma mère ne travaillait pas. Aujourd'hui elle est employée à la Ville de Lyon dans les cantines.

Mes parents ne captaient pas grand-chose à l'école. S'il y avait un soir où je ne faisais pas mes devoirs, je disais que je n'en avais pas. Ils n'allaient pas vérifier dans mon agenda. Ils ne pouvaient pas me conseiller pour mon orientation, je m'en suis occupé tout seul, mes parents ont juste signé le papier. Clairement, ils ne savaient pas où j'allais, ni ce que j'allais faire.

Ce n'est pas pareil pour nos enfants parce qu'avec Élodie on a des armes que nos parents n'avaient pas. On a fait du chemin, on a réfléchi sur l'école, on sait mieux comment ça fonctionne, on est beaucoup plus armé même si on ne l'est pas totalement à fond. Quand quelque chose ne va pas à l'école, on peut intervenir, aller voir les maîtresses, des choses que nos parents ne faisaient jamais. On est beaucoup plus vigilant. C'est à double tranchant : on est aussi beaucoup plus exigeant avec nos enfants et, parfois, c'est compliqué.

On est au taquet et parfois, cela peut créer des tensions. Quand je fais les devoirs avec notre seconde fille Mélissa, celle qui a plus de mal avec l'école, il y a des jours où elle doit me détester. J'ai tellement peur qu'elle finisse comme nous que je lui mets la pression et ce n'est pas bon.

Quand il y a eu le premier confinement – du 17 mars au 11 mai 2020 –, ça n'était pas facile. Nos filles avaient beaucoup de travail. On y a passé des heures et des heures. On se mettait la pression. Je me disais que si nos filles ne faisaient pas tout, elles prendraient du retard. Je me disais : « quand ça va reprendre, la maîtresse va tracer et si elles ont pris du retard, c'est fichu ».

C'est comme ça que je vois les choses : si tu loupes le train, après c'est fini. Si tu te casses la figure une fois, il n'y a pas de rattrapage.

Concernant les relations avec les enseignants, il y en a qui sont super bien. Mélissa a eu une maîtresse géniale. À un moment, on était inquiet, elle a pris le temps de parler avec nous. À l'inverse, l'année dernière, on n'a jamais rencontré la maîtresse d'Alicia parce qu'avec elle, le dialogue était compliqué. C'était le cas avec tous les parents, pas seulement avec nous.

Ça dépend des profs, des années. Mais en règle générale, cela se passe plutôt bien avec les enseignants depuis que nos filles sont à l'école. Il faut dire qu'aujourd'hui avec Élodie, on a quand même les codes, on a travaillé beaucoup avec le

Réseau école d'ATD Quart Monde, on a fait des formations, on a discuté avec des profs, on les comprend mieux, ça aide.

Entre parents d'élèves, ça dépend aussi. Avec des parents qui viennent du même milieu que nous, on sait de quoi on parle. Mais là où on habite, beaucoup sont issus d'un autre milieu et, avec ces parents-là, on ne peut pas parler de tout. Un exemple tout simple : l'histoire des devoirs. Je trouve que les devoirs sont les choses les plus injustes à l'école parce que les enfants ne sont pas à égalité devant l'aide que les parents peuvent leur apporter. Si je discute de ça avec quelqu'un de mon milieu, il va comprendre, mais si j'en parle avec un parent d'un milieu plus aisé, il va dire qu'« il faut des devoirs parce que, sinon, nos enfants ne vont pas avancer »… On ne peut pas avoir les mêmes discours avec tous les parents.

Un autre exemple, pendant le confinement. Normalement, les enfants n'étaient pas censés avancer dans le programme. Pourtant, dans la classe de notre fille, ils ont appris les divisions. Certains parents trouvaient que c'était normal parce qu'il faut avancer… On n'est pas tous sur la même longueur d'onde.

Ce que j'ai remarqué à partir de mon expérience, c'est que l'origine sociale joue beaucoup. Face aux devoirs, les gens des milieux populaires vont plutôt dire comme nous que ce n'est pas juste et que tous les élèves ne vont pas avancer à la même vitesse parce que les parents n'ont pas les mêmes capacités pour accompagner leurs enfants. Les parents de milieux plus aisés ne comprennent pas parce qu'ils n'ont pas vécu ça, ils ne savent pas ce que c'est que la galère à l'école.

L'école de mes filles aujourd'hui est assez mixte, assez mélangée socialement. En fait, il y a assez peu de gens de milieu populaire, il doit y avoir cinq ou six familles pas plus, la plupart sont des familles de la classe moyenne et de la classe supérieure. L'école n'est donc pas si mixte que ça, c'est plutôt une école avec des élèves qui viennent de milieux plus aisés.

On est bien intégré dans le quartier, on connaît beaucoup de gens avec qui on a de bonnes relations. Nos deux filles ont plein de copines en classe. Je trouve que les familles de l'école sont assez bienveillantes, l'atmosphère est bonne.

Ce sont des familles qui sont plutôt dans la coopération. On voit la différence avec l'école d'avant, quand on était sur Vaulx-en-Velin et que ce n'était pas mixte du tout. C'était plus comme l'école où Élodie et moi on allait petits. Dans cette école, on était plus montrés du doigt parce qu'on faisait partie des seuls blancs.

J'ai grandi dans mon quartier de La Duchère, tout le monde me connaissait, je n'étais même plus un blanc, j'étais comme eux, tandis que quand on est arrivé à Vaulx-en-Velin, on n'était pas ancré de base. Élodie, qui était aux parents d'élèves, a fait une fois une remarque à des parents. Elle leur a reproché de ne jamais dire bonjour. En fait, les mamans voilées ne disaient jamais bonjour aux mamans qui n'étaient pas voilées.

Quand je travaillais avec ma fille Mélissa, c'était difficile. Alors voici trois semaines on a décidé de l'inscrire à l'aide aux devoirs à la maison de quartier. Je la dépose là-bas le lundi et le jeudi après la classe. Elle me dit : « Papa, je n'aime pas les devoirs » et je lui réponds : « C'est pour ton bien parce que les gens vont t'expliquer autrement que moi. »

Mélissa, c'est compliqué avec l'école. Tous les vendredis après-midi, elle a l'orthophoniste mais elle en a assez. Je lui explique que c'est pour son bien, pour que ça aille mieux à l'école. Ce n'est pas facile de lui faire accepter.

Ma manière de voir les choses n'est pas forcément la bonne. Mais, d'après moi, si mes enfants veulent réussir mieux que moi dans la vie, il faut qu'ils réussissent mieux à l'école.

Aujourd'hui je ne vois pas d'autre solution même si je sais que parfois, des gens qui n'ont pas beaucoup fréquenté l'école, ont des succès extraordinaires. Pour moi, le seul moyen pour que mes enfants aient un bon métier entre les mains – et avoir un bon métier c'est aussi bien gagner sa vie et ne pas galérer comme on galère –, ça passe par l'école. Le seul moyen pour s'élever socialement, c'est l'école. C'est notre société qui est bâtie comme ça. On a toujours entendu : « Si tu veux réussir, si tu veux t'en sortir, ça passe par l'école. »

J'ai envie que mes filles réussissent. Cela veut dire pour moi qu'elles aient un métier qui leur plaise et où elles gagnent bien leur vie, qu'elles vivent leur vie tranquille. Je sais ce que sont les galères et je ne veux pas que mes enfants vivent ça.

Attention : quand je dis que je veux que mes enfants réussissent, je vous donne un exemple. Demain, si une de mes filles me dit : « Je veux être coiffeuse parce que c'est un métier qui me plaît », je lui dirais : « Vas-y, fais ça. » Je dis toujours à mes enfants que même s'ils ont un métier où ils ne gagnent pas des millions, ils doivent avoir au moins la chance de choisir. Si une de mes filles veut faire coiffeuse, qu'elle fasse coiffeuse si elle est heureuse là-dedans. Je veux que mes enfants soient heureux.

Au moment de choisir les études après le bac, s'ils veulent se diriger vers une école de médecine ou d'avocat, je veux que mes enfants aient au moins l'opportunité de le faire. Je veux qu'ils aient le choix. Nous, on n'a pas eu le choix, on a dû choisir par le bas.

Avec Élodie, on a fait il y a quelques années pas mal de formations avec ATD Quart Monde. C'était bien parce que cela nous a permis de rencontrer des professionnels de l'école. Les profs ont dit des choses qu'on n'avait jamais entendues et nous, on a dit des choses qu'ils n'avaient jamais entendues non plus.

Cela fait tomber des barrières. On ne se rend pas compte du monde qu'il y a entre un parent de milieu populaire et un enseignant. On vient de deux mondes complètement différents. Nous d'un côté, on ne comprend pas ce qu'ils vivent et eux ne comprennent pas ce que vivent les familles. C'est tout cela qui crée des problèmes, des tensions. C'est comme si on n'habitait pas sur la même planète, ils vivent tellement éloignés. Si on n'apprend pas à se connaître et à savoir ce que vit l'autre, c'est juste impossible. Avec ces formations ou avec les cafés rencontres qui sont organisés dans certaines écoles, les gens se rencontrent, discutent, et c'est bien.

Pour moi, la première chose à changer pour améliorer le système, c'est qu'il y ait une vraie mixité dans les écoles, ce qui n'est pas le cas aujourd'hui. Il faudrait énormément de mixité. Quand je dis mixité, cela signifie mettre dans une même école, mélanger des enfants d'horizons différents et de milieux différents. On fait des écoles ghettos où on met des enfants tous pareils.

Après, je pense à la formation des enseignants. S'ils ne connaissent rien des familles de milieu populaire, comment ils peuvent les comprendre ? On tombe alors trop facilement dans la facilité. Quand un parent ne vient pas à un rendez-vous avec l'enseignant, on parle d'un parent démissionnaire alors que, s'il ne vient pas, il peut y avoir cinquante mille raisons. On n'est pas démissionnaire. Il y a un gros travail à faire ici.

Si ça s'est amélioré pour mes enfants ? Entre l'école où ils étaient à Mont-Blanc et celle où ils sont à Bron maintenant, il n'y a pas de comparaison. L'inégalité est claire. Mes filles apprennent mieux et s'en sortiront mieux à l'école où elles sont aujourd'hui. Je vois bien que ça ne se passe pas pareil, ne serait-ce que la relation avec les enseignants n'est pas la même.

C'est sûr : je leur donne plus de chances en les scolarisant à Bron. C'est un avis personnel à partir de mon vécu, peut-être que je me trompe mais c'est le fond de ma pensée.

Aujourd'hui on cherche à déménager. Notre fille aînée Alicia va rentrer au collège l'année prochaine. Pour choisir notre future habitation, on regarde les collèges. Sur Bron, il y en a trois dont un où on ne veut absolument pas que notre fille aille parce qu'on sait que c'est la zone. Clairement, c'est un critère de choix pour notre futur logement. Je suis convaincu que, si ma fille va dans les deux autres collèges, elle s'en sortira mieux, elle pourra mieux travailler, l'atmosphère sera plus propice. C'est une conviction : selon les écoles où on va, ce n'est pas la même chose.

Les responsables politiques sont à mille lieues de tous ces problèmes, ils n'y connaissent rien. Pour moi, les hommes politiques sont sur une autre planète, ils ne savent pas ce que c'est de vivre avec quatre cents euros par mois, ni de galérer.

Cette année, à l'école de mes filles, on a supprimé une classe. Du coup, les classes sont plus chargées. Mon avis est peut-être sombre mais je pense que l'objectif des maires est de perdre le moins d'argent possible, de dépenser le moins possible pour l'école. Si on peut fermer une classe et mettre quatre à cinq enfants de plus par classe, ça n'a pas l'air de les gêner.

Mon espoir pour changer l'école ne passe pas par les politiciens. En fait, je ne compte pas sur eux. Pour moi, l'espoir c'est de travailler comme on le fait avec ATD Quart Monde. Tu dois agir parce qu'à un moment il faut casser cette inégalité. Ça fait des années et des années que ça dure, il faut que ça s'arrête.

Je ne parle pas que pour mes enfants. Je vois autour de moi ce qui se passe pour les enfants de mes amis, pour leur orientation. J'ai un filleul que l'on a mis en ULIS alors que, d'après moi, ça n'était pas justifié. En plus, il faut voir la manière dont ça a été fait. À chaque fois on fait peur aux parents. Mon filleul a fini en ULIS et pourtant, je disais à ses parents de ne pas l'y mettre. Mais ils ont réussi à leur faire peur… Pour moi, si les élèves vont en ULIS, c'est fichu. Pour la suite des études, c'est mort.

Je me rappelle dans mon collège, c'était violent, beaucoup se moquaient de ces élèves-là. À l'époque, on les appelait « les enfants sauvages ».

Je fais partie du comité de pilotage de l'expérimentation CIPES sur l'orientation des élèves de milieux défavorisés. C'est indispensable de faire ça parce que clairement, beaucoup d'enfants sont orientés dans des filières spécialisées où ils n'ont rien à faire. Il faudra que ça change un jour.

Je vais bientôt devoir m'arrêter. Je vais aller chercher mes filles à l'école, puis le petit loup à la crèche. C'est mardi, les filles ont danse modern jazz à la maison de quartier. La grande en fait depuis quatre ou cinq ans, sa sœur depuis trois ans. Elles aiment bien. Je dépose Mélissa en sortant de l'école, puis je la récupère et je dépose Alicia.

Le mercredi après-midi, Alicia fait aussi une « école de ninja ». Ce sont des parcours avec des obstacles, ça vient d'une émission de TF1 qui s'appelle *Ninja Warrior*. Elle nous a tannés toutes les vacances pour qu'on l'inscrive. Mélissa, elle, fait du foot le samedi matin. Nos filles aiment bien le sport. Cette année, on les a inscrites à plusieurs sports parce qu'on pense que ça leur fait du bien.

« On n'a pas du tout été écoutés »

Valérie, militante Quart Monde à Brest

Valérie, 46 ans, habite à Brest où elle est une militante active du groupe local d'ATD Quart Monde. Mariée et mère d'une fille de 16 ans, Clarisse, elle est reconnue handicapée depuis six ans et avoue ne pas sortir beaucoup de chez elle. Elle aspire aujourd'hui à se réinsérer dans la vie active et envisage une remise à niveau, accompagnée par ATD Quart Monde.

Valérie raconte ici le parcours douloureux d'une enfant dont on se moquait à l'école parce qu'elle était trop grosse. Ce manque de confiance en elle, ce sentiment d'enchaîner les échecs, elle dit en souffrir encore aujourd'hui. Elle est même persuadée de les avoir transmis à sa fille. Mais Valérie refuse de baisser les bras car elle est aussi une combattante.

* * *

Mon parcours scolaire commence en maternelle à l'école privée Le Relecq-Kerhuon à Brest, où j'ai fait aussi toute ma primaire. Au début, ça s'est très bien passé. Après, c'est devenu plus compliqué parce que je n'avais pas mes parents derrière pour m'aider. Ma mère était aide à domicile et mon père menuisier. On allait souvent au centre aéré et à la garderie.

J'étais costaude et j'avais honte de moi. On se moquait de moi à l'école, on m'appelait « grosse patate » et on me traitait de tous les noms. Alors je n'avais pas envie d'apprendre et je n'avais pas d'amis.

Au collège public Camille-Vallaux, c'est devenu encore plus compliqué. C'est là qu'on s'est rendu compte que j'avais des problèmes à l'écrit et aussi avec les personnes. On ne m'a pas gardée au collège Vallaux parce que j'étais une enfant qui donnait des soucis. Je suis alors allée au collège Saint-Charles Guipavas terminer mon année de sixème. C'était mieux mais le niveau était un peu plus haut. Du coup en cinquième je suis allée au collège Charles-de-Foucauld en classe spécialisée en accord avec mes parents, à l'époque cela s'appelait les SES (section d'éducation spécialisée).

C'était mieux, j'ai eu un bon contact avec Monique qui était professeure et que j'ai retrouvée plus tard à ATD Quart Monde. J'ai eu confiance en elle. J'avançais bien, j'étais très contente, je trouvais ma place et je cherchais à évoluer. Je pense que le contact avec Monique et avec les autres professeurs a fait que je me sentais mieux.

Puis je suis partie pour maigrir au centre Perharidy de Roscoff. Ça n'a pas très bien marché et j'ai perdu confiance en moi.

J'ai toujours eu en tête que j'avais des capacités mais je sentais que j'avais besoin de quelqu'un pour m'aider à faire mes devoirs et je n'avais personne derrière moi. Mes parents s'occupaient de mon frère et de ma sœur mais ils étaient convaincus que je ne voulais pas apprendre. Après leur travail, on revenait à la maison, on mangeait et on prenait la douche.

Après toutes ces années en SES, je ne savais pas ce que je ferais après. Je suis allée en foyer parce que je traînais un mal-être vis-à-vis de moi et de ma famille parce que je n'avais pas assez maigri à Roscoff. C'était un foyer de femmes à Lesneven, le foyer Ty Ar Gwenan, un centre de formation pour des jeunes filles avec des difficultés de tous ordres. C'est devenu aujourd'hui une MECS (maison d'enfants à caractère social).

Là, j'ai fini mes études alors que j'aurais préféré revenir à Charles-de-Foucauld ou dans une autre école normale. J'avais classe dans le foyer avec trois ou quatre autres pensionnaires qui avaient de grosses difficultés alors que les autres allaient à l'école. On me disait que j'avais le niveau CE1 alors que j'aurais dû être au niveau sixième, cinquième. C'est vrai, j'avais des difficultés pour tout ce qui était apprendre et à l'écrit.

Pourtant, quand je suis arrivée au foyer, je me suis battue parce que je voulais être animatrice d'enfants mais l'ANPE (aujourd'hui Pôle Emploi) estimait que je ne pourrais pas vu mon niveau. Du coup, j'ai passé mon BAFA (brevet d'aptitude aux fonctions d'animateur) et j'ai été prise pour faire ma formation à Lesneven avec les enfants du centre aéré. Comme ils étaient contents de moi, ils m'ont gardée tous les mercredis et j'ai fait des colos de deux jours.

J'ai arrêté l'école à vingt ans parce que le foyer s'arrêtait là. Le matin, j'avais cours et l'après-midi, je faisais la cuisine et le ménage pour apprendre à faire les tâches ménagères. Quand j'ai été jugée apte, je suis allée dans un appartement, seule. C'est là que j'ai commencé à travailler pour Onet Propreté comme femme de ménage. Je n'y suis pas restée longtemps.

Le patron m'avait dit de déménager et, en accord avec le foyer, je suis partie pour Brest mais, finalement, le patron ne m'a pas reprise. Je me suis retrouvée au chômage et je suis allée en foyer Jeunes travailleurs. Il y avait des éducateurs qui m'aidaient dans ma recherche d'emploi.

Puis j'ai eu ma fille Clarisse et le handicap suite à mon opération qui a changé ma vie. Je n'avais plus confiance en moi. Comme je ne sortais pas de la maison, je ne pouvais pas sortir ma fille autant que je voulais. Elle me le reprochait et puis elle a eu peur quand le SAMU est venu me chercher pour la première opération parce que j'avais une infection. La deuxième opération n'a pas marché non plus et puis j'avais du poids en trop. J'essaie maintenant d'en perdre, de faire des choses pour moi, d'être dans le bien-être pour améliorer aussi le contact avec ma fille. Elle n'a pas confiance en elle non plus.

Pour ses études, ça n'a pas été simple. Elle se rendait compte de mon niveau, l'école disait : « Ce n'est pas la peine que vous aidiez votre fille, vous lui faites faire des erreurs. » C'étaient des pleurs et je retournais dans mon passé. Il fallait faire quelque chose. Alors il y a eu des éducateurs, l'assistante sociale et tellement de monde autour d'elle que je ne me sentais plus mère.

Ils m'ont dit que c'était mieux de chercher quelqu'un pour aider Clarisse à faire ses devoirs, mon mari ou un étudiant, parce que, là, je l'emmenais à l'échec. En français, elle écrivait comme moi. Pareil en maths, elle voyait mon échec et elle ne voulait plus que je l'aide.

Clarisse a eu un parcours scolaire très compliqué. En petite section de maternelle, ils ont voulu la faire redoubler mais je ne voulais pas. Ma fille a une maladie de naissance, un déficit immunitaire et peut-être une déficience intellectuelle. Comme je voyais qu'elle se bloquait, on l'a laissée faire la petite section. Dans cette école, on ne s'est pas senti aidé du tout. On nous a inscrits au CMPP (centre médico-psycho-pédagogique). La première année, ma fille bougeait tout le temps et ne voulait faire que de la dînette.

Puis on a dû déménager et je l'ai mise dans le privé, à l'école maternelle Sainte-Marie-Saint-Marc. Je ne voulais pas du CMPP une fois de plus, je revoyais trop mon passé. Quand on est arrivé dans cette école où elle a fait deux moyennes sections, là j'ai vu qu'on était aidé. La directrice m'a mise à l'aise, elle m'a dit qu'elle allait aider ma fille. D'entendre ça, ça m'a… « pfiouu »… Elle a su aider Clarisse et a mis en place plein de choses pour elle.

En primaire, à l'école Sainte-Marie-Saint-Marc, ma fille a eu un cursus normal avec des aides. Une dame venait à l'école pour la faire progresser. J'étais contente. Le problème, c'est qu'elle n'arrivait pas à se faire des amis, elle a du mal à entrer en contact avec les autres. Elle a seize ans maintenant et elle a toujours beaucoup de mal. En plus, elle a un handicap depuis qu'elle a été opérée du poignet, ça lui prend tout le bras et elle se demande si elle va devenir comme moi. Elle se met plein de barrières.

En CP, ils ont vu les grosses difficultés de Clarisse. Elle a redoublé et elle l'a très mal pris. Elle se mettait à l'écart, toujours toute seule, on disait qu'elle tapait les autres. On m'a conseillé de la mettre au centre aéré et de lui faire faire des activités. Je l'ai inscrite à la danse orientale, au dessin et au théâtre. Elle faisait les trois et ça s'est très mal passé. La directrice et une maman se sont plaintes parce que Clarisse faisait « des bisous sur la bouche aux jumeaux ». Moi, je pense qu'elle voulait le contact. Puis avec le théâtre ça a été l'échec. Le jour du spectacle, la dame nous a dit qu'ils ne gardaient pas Clarisse à cause de son comportement, elle intervenait pendant la représentation. Alors Clarisse a décidé de ne plus aller au centre aéré. Elle a dit aussi qu'elle n'irait plus nulle part, elle s'est bloquée.

C'est là que la DDASS (Direction départementale des affaires sanitaires et sociales) est venue voir ce qui se passait chez nous. J'ai très, très mal réagi. Le gardien et les voisins de l'immeuble avaient déjà eu une demande de renseignements sur nous. Le papa n'était pas là, il était parti pour la Kabylie, ça n'était donc pas possible qu'il soit là pour l'éducation de l'enfant.

Et puis il y avait la maladie de Clarisse depuis l'âge de trois ans. À la suite d'un accident, petite, elle a dû faire un long séjour à l'hôpital. C'est là qu'ils ont découvert le déficit immunitaire primitif. Et c'est là aussi que nous nous sommes séparés, mon mari et moi, parce qu'il n'acceptait pas la maladie de Clarisse. Il est reparti un temps en Kabylie.

Depuis et jusqu'à ses treize-quatorze ans, ma fille a eu des perfusions deux fois par semaine, d'abord à l'hôpital puis à la maison. Elle loupait l'école une matinée deux fois par semaine. Il fallait la tenir pour lui installer la perfusion, elle me disait que j'étais une maman méchante et elle me le dit toujours. Quelqu'un du Secours populaire venait m'aider pour lui lire des livres. Elle a fini par rejeter les perfusions. Maintenant, elle a des cachets à la place.

Quand elle est sortie de CM2, on nous a demandé de la mettre en SEGPA. Elle y est allée et ça s'est très mal passé. Elle se sentait harcelée par les enfants et il y avait de la violence. On a eu plein de rendez-vous pour voir si elle était apte à rester au collège. On nous a proposé d'aller en ULIS (unités locales pour l'inclusion scolaire). C'est elle qui a dit à son éducatrice : « Je veux aller en MFR (maison familiale rurale), je veux faire un métier. »

Je l'ai emmenée à la MFR de Landivisiau. Elle voulait s'occuper des chevaux, devenir toiletteuse. La première année, ça s'est mieux passé qu'au collège. Mais comme elle était en pension loin de nous, elle a eu du mal et le harcèlement a recommencé, comme à chaque fois. La deuxième année, le formateur de Landivisiau lui a dit : « Si tu veux faire ça, il faut aller en cours et progresser. Oublie tes peurs. » Ça s'est mieux passé.

Puis il y a eu le problème de sa main et elle n'a pas pu continuer. Elle a été opérée, ça n'a pas marché. Elle faisait déprime sur déprime. Dans sa tête, ça fait trois échecs : l'impossibilité d'aller passer à Saint-Brieuc son CAP pour faire un métier autour des animaux alors que tout le dossier était prêt, l'échec de l'opération et le harcèlement scolaire qu'elle n'oubliait pas. Elle s'est dit : « Je ne suis pas une enfant comme tout le monde et on me dit que tout cela vient de moi. »

L'opération a résolu le problème du poignet qui fonctionne à nouveau mais qui n'a plus de force, comme le bras. Elle voit un kiné deux fois par semaine mais il n'y a pas d'évolution. Il pense d'ailleurs qu'il ne peut rien faire. Elle a une reconnaissance de handicap depuis quatre ans.

Il fallait faire quelque chose car elle n'avait plus rien. J'ai fait des recherches pour une nouvelle école, les gens de MFR en ont fait aussi de leur côté. Aujourd'hui Clarisse fait un pré apprentissage à l'IFAC (Institut de formation, d'animation et de conseil) à Brest.

À cause du COVID, la rentrée a été reculée. Elle va être obligée de faire des stages en cuisine avec un suivi handicap derrière pour dire aux employeurs qu'elle ne peut pas tout faire. Il faudra en trouver qui la comprennent.

Au fond, je ne suis pas contente de la façon dont les choses se sont passées pour Clarisse. Au début, je trouvais qu'on tournait en rond, que nous, les parents, on n'était pas du tout écouté. J'ai été obligée de mettre ATD Quart Monde sur le coup pour qu'ils aillent à l'école à ma place parce que je n'en pouvais plus, parce qu'on disait que c'était nous les parents qui n'en faisions pas assez. Ils pensaient qu'il y avait quelque chose derrière vu les peurs qu'avait ma fille. Moi je disais qu'elle était suivie au CMPP avec une éducatrice et que j'ai laissé mettre en place tous les suivis qu'on me demandait. C'est vrai, je n'ai pas su l'aider. Mais après, avec l'éducatrice, ça ne s'est pas bien passé non plus. C'était toujours les mêmes questions autour de : « Qu'est-ce que tu fais avec tes parents ? » Moi j'expliquais : « Comme je suis handicapée, les seules choses que je peux faire avec elle se passent à la maison. » On faisait des jeux de société, des cahiers de vacances. Je trouvais du monde pour venir à la maison l'aider.

Quand nous avons déménagé, j'ai eu plus confiance dans la seconde école. Je leur disais : « Je ne veux pas que ma fille soit comme moi, je veux travailler avec vous. » Et on m'a écoutée.

Ma fille a eu les mêmes soucis d'école que moi et je me dis que c'est de ma faute. C'est parce que je n'arrivais pas à l'aider. C'est pour ça qu'aujourd'hui je compte faire une mise à niveau pour que je puisse trouver un emploi. Comme j'ai eu droit à un prêt de voiture, je me dis que je pourrais faire des choses, trouver un emploi adapté à mon handicap. J'ai toujours été battante et voulu avancer. C'est très important parce que ma fille reproduit ce que je fais. Je fais un travail sur moi, ma fille fait un travail sur elle. Je trouve qu'elle évolue de me voir évoluer.

J'ai expliqué tout ça à l'IFAC. Je me suis fait accompagner par la psychologue. On a bien expliqué que Clarisse est une enfant hypersensible et qu'il fallait l'aider dans ses contacts avec les autres, l'obliger un peu à aller vers les autres et être très bienveillant avec elle. Nous avons raconté tous les suivis qu'elle a. L'école nous a demandé de les supprimer – j'étais bien contente – et de prendre ceux de l'IFAC qui ne sont pas compatibles puisqu'il s'agit d'une formation professionnelle. Comme Clarisse a beaucoup été suivie par une assistante sociale, elle a besoin de la présence de quelqu'un à côté d'elle. Elle a aussi besoin de sa mère à la maison. Quand on lui demande de faire une tâche ménagère, il faut lui montrer, elle oublie vite. Je lui ai dit qu'il fallait qu'elle grandisse. Il faudra qu'elle progresse en faisant des stages et qu'elle aille jusqu'au bout de sa tâche.

Je pense qu'il faudrait du personnel en plus pour des enfants comme elle. J'ai travaillé dans des écoles comme remplaçante. Ça m'a vraiment choquée, ce manque de personnel pour des enfants en difficulté. J'essayais d'aller vers ces enfants quand je passais. La directrice me disait qu'il ne fallait pas mais j'en ressentais le besoin : si je voyais un enfant tout seul ou qui n'arrivait pas en classe, il fallait que j'aille vers lui. Peut-être qu'il faut le laisser pour qu'il arrive plus tard à faire les choses tout seul mais quand même, c'est bien qu'il y ait quelqu'un qui les aide quand ils sont vraiment en difficulté, qu'ils n'y arrivent pas, qu'ils sont agressifs ou qu'ils tapent. Il ne faut pas toujours dire que c'est de leur faute, il faut aller voir pourquoi l'enfant est comme ça et ne pas toujours juger les parents, et la pauvreté, et ceci et cela… Ce n'était pas mon métier mais ça me choquait.

J'ai entendu plusieurs familles dire que leurs enfants n'étaient pas assez soutenus et que les familles en situation précaire aussi n'étaient pas aidées. D'autres parents étaient plus écoutés que nous. Moi, quand j'ai voulu aider ma fille, je ne pouvais pas faire tout ce que je voulais. J'étais perdue par exemple pour remplir le dossier de handicap. On ne m'avait pas dit qui était la personne qui s'occupe du handicap.

Il a fallu que j'arrive à l'école Sainte-Marie pour trouver une directrice qui était dans son bureau à 16 h 30, dès que l'école était finie, pour écouter les parents s'il y avait un problème. Après, on appelait la maîtresse pour discuter. On pouvait parler et là j'ai trouvé ma place. Cette directrice a installé un suivi pour Clarisse. Elle s'était rendu compte que c'était une enfant qui en voulait mais qui avait besoin d'une aide extérieure à l'école.

Je trouve qu'il faudrait mettre ce genre d'aide en place y compris dans les grandes classes. Il y a aussi les TAP (temps d'activités périscolaires). Mon mari y a été animateur mais il ne trouvait pas assez d'écoute du côté des profs. Dès que c'était les TAP, l'école n'était plus là. Il était tout seul avec les enfants, il avait peur qu'il arrive quelque chose dans la cour par exemple. Il ne pouvait pas faire les activités manuelles qu'il voulait faire, alors il a arrêté.

Pour en revenir à mon idée de faire une remise à niveau, je profite des possibilités que m'offre ATD Quart Monde. Il y a un point d'accès public aux ordinateurs qui est ouvert le jeudi après-midi, avec une permanence de deux heures. Le vendredi matin, ce sont les ateliers d'écriture numérique et on publie nos textes sur le site. C'est pour ça que je suis maintenant à l'aise avec l'informatique. Je viens aux séances avec Monique le vendredi et le jeudi quand je peux. J'ai encore du mal à comprendre tout ce qu'il y a d'écrit et à écrire une lettre de motivation. Dans notre groupe, tout le monde est bienvenu et on voit qu'on évolue quand même.

Pendant le confinement, au début Clarisse n'a pas pu suivre les cours par internet faute d'ordinateur. Monique nous en a procuré un. L'école à la maison, ça a été l'énervement, ça a même failli être la séparation avec mon deuxième mari. On n'y arrivait plus avec les devoirs de Clarisse, elle ne voulait plus. Puis elle a travaillé à distance avec Mariette et Françoise, deux alliés d'ATD Quart Monde, et ça se passait mieux. Clarisse faisait l'anglais avec Françoise au téléphone et elle arrivait à comprendre beaucoup mieux. Françoise me disait : « Avec Clarisse, c'est en faisant des jeux qu'on y arrive. » Françoise est une alliée de quatre-vingt-dix ans… Elle habitait dans la même tour que ma mère, elle m'a même changé les couches. Avec cette dame comme avec Monique, il y a le contact, on est à l'aise parce qu'elles sont venues vers nous.

Pourquoi est-ce qu'on ne pourrait pas, quand on a comme nous de gros problèmes, travailler main dans la main avec l'école, sans que l'on se sente jugé et mal jugé ? Clarisse était une enfant difficile qui a peur de tout et qu'il a fallu gérer. Mais c'est aussi une enfant qui a subi suffisamment d'évènements difficiles pour lui donner le soutien dont elle a besoin.

« Il faut arrêter de juger les parents »

Jacqueline, militante Quart Monde à Reims

Jacqueline, 54 ans, vit à Reims où elle a grandi. Elle a quatre enfants dont elle s'est appliquée à suivre la scolarité et neuf petits-enfants. Issue de la communauté des gens du voyage, elle organise chaque année les vendanges que fait une partie de sa famille.

Jacqueline connaît ATD Quart Monde depuis toute petite. Enfant au quartier du Maroc où elle est née, elle fréquente la bibliothèque de rue animée par des volontaires du mouvement. Jacqueline a aussi été membre de Tapori, la branche enfants d'ATD Quart Monde, et elle fait plusieurs chantiers jeunes à Champeaux, en Seine-et-Marne, où le mouvement possédait une grande maison.

Aujourd'hui, Jacqueline participe à l'expérimentation CIPES où elle siège au sein du comité de pilotage. Dans ce cadre, elle fait notamment des observations dans les classes. Elle a par ailleurs suivi la toute nouvelle formation OSEE (Osons les savoirs de l'expérience de l'exclusion) lancée par ATD Quart Monde. Son objectif : être animatrice dans un foyer, dans une école… Elle a déjà essuyé un refus car jugée « trop vieille ». Mais il en faut plus pour la décourager.

* * *

J'ai fait ma maternelle au quartier du Maroc, à Reims. Je suis entrée en CP à Émile-Zola, une école qui accueillait les gens du voyage. Puis je suis allée à l'école Pommery faire une deuxième année de CP et j'y suis restée jusqu'en CM2.

Au collège, j'ai fait deux années de sixième et deux années de cinquième. Pourquoi ça ? J'étais au collège Pablo Picasso où ils connaissaient déjà les membres de ma famille et on était assez mal accueilli. Et là, malheureusement, j'ai pris pour les autres. On ne voit pas l'élève, on voit la famille de l'élève et on dit : « De toute façon, celui-là… » À ATD Quart Monde, on mène le combat contre ça.

On aura beau nous mettre dans un quartier résidentiel, le statut restera toujours là. Ça parle, ça jase. Je le prends avec le sourire maintenant, c'est la vie quotidienne.

Mon rêve, c'était d'être puéricultrice ou être dans l'animation, c'était le rêve de rêve en sixième. J'ai fait des petits stages en crèche. Ils m'ont laissé faire pendant un an et après, ils ont tout arrêté.

À cette époque, quand les élèves soi-disant n'y arrivaient pas, on se retrouvait dans une classe à part la moitié du temps et l'autre moitié du temps, on allait dans notre classe normale. Ça s'appelait la CPPN (classe pré-professionnelle de niveau). J'ai fait un atelier pâtisserie, un atelier bois, alors que ça ne me plaisait pas du tout.

Ils n'ont jamais voulu me mettre dans un stage plus long, ils me disaient : « De toute façon, tu vas arrêter l'école à seize ans. » En fait, ce sont eux qui nous ont fait arrêter à seize ans.

J'ai eu deux familles. J'ai été élevée par la tante de mon père parce que j'étais malade à ma naissance. Mes parents ne pouvaient pas me garder dans leur caravane ou alors ils devaient me mettre dans un centre médicalisé. Et ils ne voulaient pas. Ma tante s'est retrouvée dans les blocs du quartier du Maroc pour pouvoir m'élever.

Concernant l'école, j'étais assez seule. En fait, il n'y avait que mon père qui savait un peu lire et écrire. C'est pour ça qu'il insistait pour que je ne lâche pas, pour que je sache lire, écrire, compter, « c'est le principal » qu'il disait. Au niveau scolaire, je n'ai pas vraiment eu de soutien dans ma famille.

J'ai eu du soutien avec des personnes alliées d'ATD Quart Monde. Je les voyais à la bibliothèque de rue dans le quartier. Plus que les devoirs, on faisait de l'apprentissage de l'écriture et de la lecture. Finalement j'ai plus appris à lire et à écrire avec ATD Quart Monde qu'à l'école.

À l'école primaire Pommery, les trois premières années, je suis passée incognito. Il n'y avait que la directrice qui savait mon nom de famille. J'étais entrée à Pommery par le biais de l'assistante sociale du quartier du Maroc. Ils avaient déménagé ma mère adoptive dans un logement du Foyer Rémois parce qu'ils voulaient que j'évolue au niveau santé. Mais je ne me plains pas de l'école Pommery, j'ai quand même eu un peu d'appui.

Au collège ils m'ont mise sur le côté dès la sixième. Ça a tout brisé. Après, le dossier a suivi. Je ne suis plus du tout passée incognito. Il y avait eu déjà un certain nombre de membres de la famille qui étaient passés dans ce collège. Je pense pourtant que j'avais les capacités pour faire une scolarité normale au collège. Au lieu de ça, ils m'ont laissé galérer en sixième et cinquième et je ne suis jamais allée en quatrième et en troisième.

Mes enfants se sont retrouvés à l'école primaire de Caporal-Chef-Divry. C'était un secteur pour les gens du voyage pour nous apprendre à vivre dans du dur. Avec mes enfants, ça a été différent. Je me suis déplacée souvent pour rencontrer les enseignants. Je n'avais pas le choix. Ils ne portaient pas mon nom mais on savait qui j'étais. Et puis on faisait partie de Caporal-Chef-Divry, la cité de transit des gens du voyage.

J'ai dû beaucoup me déplacer. À l'âge de quatre ans ils avaient déjà renvoyé mon fils une semaine de l'école, pour son caractère – j'ai encore les papiers. Et mon fils a été pendant un an dans un centre sur Saint-Rémy. L'éducateur, au bout de quatre mois, a dit : « J'ai d'autres gamins à m'occuper, c'est du temps de perdu pour Kevin. » Kevin n'était pas comme le décrivait l'école. Au bout de trois ou quatre mois, il a arrêté dans ce centre.

Ça c'était déjà très mal passé pour Rudy en première année de maternelle. On l'avait accusé d'avoir volé une paire de baskets alors que c'était ses baskets et que c'était la mère et l'enfant qui avaient volé les baskets de mon gamin. Rudy était passé pour un voleur, il avait quatre ans. Même la maîtresse ne s'est pas excusée.

Pour la suite des études, mon premier fils Teddy a arrêté à dix-neuf ans. Il était en dernière année de CAP peinture, c'était ce qu'il avait toujours voulu faire. Malheureusement, il a eu un petit souci avec le patron. Quand le fils a repris le flambeau du père, il a tout fait pour que Teddy parte. Mon fils s'est alors retrouvé accusé de vol dans l'entrepôt alors que ça n'a jamais été vrai. Voler un pot de peinture ! Il préférait garder sa place.

Le deuxième Kevin, c'était carrossier peintre. Il a arrêté parce qu'il n'arrivait plus à suivre la scolarité. Il était hyper bon en stage. Ils n'ont pas cherché à comprendre pourquoi il n'y arrivait pas pour le reste.

Ma fille, qu'on surnomme Cacoute, a arrêté à dix-sept ans. Pareil, il y a eu de la discrimination. Elle a été renvoyée du magasin où elle travaillait. Elle était dans les fleurs. Elle a été accusée d'en avoir volé alors que, des fleurs, on peut en trouver partout ! Elle ne l'a jamais digéré. Elle a tout arrêté avant le CAP. Elle a un peu mon caractère, ma fille, elle s'est emportée.

Le dernier Rudy, qui a vingt-quatre ans, a arrêté alors qu'il préparait un bac en électronique. Pareil, il a eu une grosse déception. Son maître de stage et son prof principal au lycée l'avaient dégradé. Au lieu du bac en électronique, ils l'ont descendu en maintenance – les réparations de machines à laver… Rien à voir avec ce qu'il voulait faire ! Il a continué quand même mais au moment du bac, il a dit : « Ciao, bye bye ! »

À la Mission locale ensuite, là encore, grosse déception. En sachant qu'il avait le permis, avec le premier conseiller ça s'était bien passé. Il avait de bons acquis pour pouvoir profiter de la Garantie jeune. Mais, du jour au lendemain, ils ont changé le conseiller. Et le nouveau lui a trouvé un stage de livreur en booster… Il s'est fichu de lui ! Il n'a plus repris contact avec Rudy. Là, il est en attente d'une formation à Pôle emploi.

Qu'est-ce que je pense de l'école ? Il y a trop d'injustice, il faut que ça change. Quand tu vois que Rudy, en dernière année de collège, s'était fait renvoyer une semaine d'un cours parce qu'il n'avait pas l'argent pour acheter la calculatrice Casio. Devant tout le monde, il a été exclu du cours. La Casio coûtait déjà à cette époque-là énormément cher.

Ce qu'il faudrait faire, c'est déjà de mettre tous les enfants dans le même panier. Un gamin, c'est un gamin, ce n'est pas le fils du directeur ou le fils d'untel. Il est à l'école pour apprendre, tout le monde doit être à la même enseigne. Et ça, dès la maternelle.

Il faut aussi arrêter de juger les gens. Quand ils sont dans la cour, les enfants sont tous ensemble à part quelques exceptions, quand les parents leur disent qu'il ne faut pas aller avec untel.

Il y a beaucoup de choses à changer : on ne devrait pas laisser des élèves au fond de la classe quand ils ont besoin d'attention. On voit quand un gamin a besoin d'attention les premiers mois de CP, il ne faut pas le repousser, il veut apprendre.

Les professeurs ne sont pas tous à mettre dans le même sac. Ma fille a eu en sixième une prof principale super. Je l'ai eue moi aussi. Elle n'a pas dit : « Tu es la fille à untel. » Elle avait vraiment pris ma fille sous son aile. Elle m'avait prise aussi. C'était elle qui m'avait payé le voyage de sixième, elle faisait ça en cachette.

J'habite devant l'école primaire. Il y a une maîtresse, c'est pareil. Maintenant ils ont droit de refuser les forains et les gens du voyage quand la scolarité ne dépasse pas un mois. Elle, elle se bat pour garder ces gamins. Il y a des moments où ils ne restent pas un mois sur place, surtout les forains. Mais, elle, elle est contre tout ça. Elle accepte quand même les gamins dans sa classe. Il y a des enseignants qui sont vraiment très chouettes !

J'essaye moi aussi de me la mettre sous mon aile pour lui présenter ATD Quart Monde. Il y a certaines choses que j'ai faites avec ATD Quart Monde que je voudrais lui montrer.

Pour la formation OSEE, quand j'avais des devoirs par mail ou que je n'y arrivais pas, j'allais lui montrer. Et elle m'expliquait. Elle est super. Malheureusement, certains disent que c'est sa dernière année, qu'elle a été mutée ailleurs en septembre 2022. Quand il y a de bons enseignants, ils leur coupent l'herbe sous le pied.

Avec le projet CIPES, j'ai fait des observations dans les classes. Ça m'a beaucoup apporté. On est dans la classe, on reste la journée complète. J'ai été dans une maternelle et dans un CP. On observe les élèves et le maître ou la maîtresse, et le fonctionnement de la classe.

Il y a certains élèves où je me voyais quand j'étais jeune, les rejetés du fond de la classe. Ça porte au cœur de voir qu'aujourd'hui, ça existe encore. Il y a des fois où je suis repartie avec des larmes aux yeux.

Il faut qu'on avance et qu'on voie la lumière au bout du tunnel. On ne va pas changer le monde des écoles en claquant des doigts mais on attend des évolutions avec CIPES. Qu'il y ait au moins des changements sur les discriminations et qu'on n'oublie plus le fond de la classe.

Quand tu entends un gamin expliquer : « Le maître n'est jamais là, quand je veux que mon camarade m'aide il ne veut pas, il dit qu'on travaille seul et pas en groupe », ça fait mal parce que c'est l'élève qui est rejeté.

Quand mes enfants étaient à l'école, quand c'était des réunions en groupe, j'évitais. J'ai toujours préféré l'individuel.

J'ai participé à deux ou trois réunions avec les parents d'élèves. Une année on m'avait même mise déléguée des parents. J'ai arrêté à cause de l'hypocrisie devant les maîtres et les maîtresses alors que par-derrière, on disait tout le contraire.

Je pense à des réunions pour préparer la kermesse. Là, tu entends des choses qu'ils devraient dire dans les réunions pour les enfants. Mais quand ils sont en face, il n'y a rien qui sort de leur bouche. Pour moi, si tu as quelque chose à dire, tu le dis.

Et puis, il y avait toujours des parents qui disaient des choses qui n'avaient rien à voir avec le sujet de la réunion mais il faut toujours qu'ils ramènent leur histoire. La dernière fois, j'ai explosé.

À l'école, tous les parents ne sont pas écoutés pareil. Certaines familles, on les appelle les familles « prout prout », sont bien écoutées. Pour d'autres, par contre, c'est : « Oui, vas-y je t'écoute, tu m'intéresses », les yeux en l'air…

Les familles les plus aisées, avec soi-disant de bonnes situations, sont écoutées. Soi-disant elles élèvent mieux les gamins que nous. Nous, on est des nuls, on ne sait pas éduquer nos gamins. Il faut arrêter de juger les parents.

Du coup, c'est difficile de mélanger les parents d'élèves qui viennent de milieux différents. Encore heureux, il y en a quand même dans les « prout prout » qui sont capables de se mêler.

Il y a des familles où ça se passe bien, il y en a d'autres qui te regardent de haut. Une fois, ça date du temps où Rudy était en sixième, il avait mis son sweat à l'envers et une mère « prout prout » s'est fichue de lui. Elle s'est permise de dire : « Il ne s'est peut-être pas lavé hier pour avoir le même maillot et à l'envers. » Elle n'a pas eu de chance parce qu'après j'étais accompagnatrice d'une sortie scolaire… J'ai souvent accompagné les sorties. Quand ils manquaient de maman, ils me disaient que si je ne venais pas la sortie serait annulée. Alors je venais.

Maintenant, ce sont mes petits-enfants qui vont à l'école. Le troisième, est en cinquième. C'est lui qui en a le plus bavé en maternelle. C'était réflexion sur réflexion, même avec une aide en classe qui leur apprenait les couleurs. Même elle, elle l'a jugé dès le départ. Elle avait convoqué ma fille pour lui dire : « Votre gamin est dyslexique il faut l'emmener chez une orthophoniste. Quand il parle je ne le comprends pas, je lui montre des mots, il me dit le contraire. » Ce qu'il y a, c'est que Lenden parlait beaucoup comme on parlait à la maison. Il n'arrivait pas à faire la différence entre la maison et la maternelle. À chaque fois, il rentrait de l'école en pleurant : « Elle m'a encore mis un petit bonhomme qui pleure, jamais je n'aurai un petit bonhomme qui rit. » Il a fallu que ma fille aille à l'école pour que ça se termine.

Pour les petits-enfants, ça se passe mieux que pour mes enfants. On ne peut pas comparer, il y a des vraies améliorations. Tous mes petits-enfants qui sont au collège sont dans le cursus normal. Ils ne les ont pas mis en classe d'adaptation. Ils font tous une langue. Quand les parents viennent à l'école, on enregistre ce qu'ils disent. Il y a quand même du mieux.

Mon premier petit-fils, qui a eu seize ans, prépare un BPA (brevet professionnel agricole) en Travaux de la vigne. Il est au lycée. Il a déjà son patron dans les vignes. Les autres ne savent pas encore ce qu'ils vont faire. Ils sont en cinquième ou sixième. Mais déjà il y en a un qui est sur un bon chemin, en espérant qu'il aille jusqu'au bout. Il a un bon patron qui est aussi celui de ma fille. Et c'est dans les vignes où des gens comme nous sont très recherchés.

L'école idéale pour moi, ce serait la même loi pour tous, les mêmes règles pour tous. L'école des bisounours, ça n'existera jamais, mais il faut que les enfants soient tous égaux. Ce sera dur, c'est sûr, c'est peut-être seulement dans mes rêves…

On est là pour y arriver, il faut que le gamin reste le gamin et pas le gamin de Pierre, Paul ou Jacques. Si on voit qu'il a des petites difficultés, il faut aller plus vers lui sans pour autant le prendre H24, lui consacrer un petit temps parce qu'il a envie d'apprendre. On ne peut plus laisser d'enfants au fond de la classe !

Je parle, je parle mais je dois m'arrêter. Mon fils a trente-trois ans aujourd'hui, je dois préparer son anniversaire.

« On veut que nos filles aient le choix »

Élodie, militante Quart Monde
à Bron, dans la banlieue de Lyon

Élodie, 32 ans, habite à Bron, à côté de Lyon, et travaille comme secrétaire dans un hôpital. Mariée et mère de trois enfants, avec son mari Vincent, elle suit de près la scolarité de ses filles, bien décidée à leur donner toutes les chances de réussir et de pouvoir ainsi choisir leur avenir. Une chance qu'elle estime ne pas avoir eue.

Élodie a rencontré ATD Quart Monde petite en fréquentant une bibliothèque de rue du mouvement. Sa mère y était déjà engagée. « Comme Obélix », elle dit être « tombée dans la potion magique ». « J'y ai baigné comme aujourd'hui, on y baigne nos enfants. »

À 18 ans, Élodie a commencé à être active au sein de l'Université populaire Quart Monde, du réseau école et du groupe Jeunes d'ATD Quart Monde. Elle a aussi siégé au pôle politique régional et, avec son mari, elle a multiplié les formations. Avec trois enfants, Élodie a désormais moins de temps pour militer mais, passionnée par les questions de l'école, elle est partante pour remonter le réseau école dans la région.

* * *

À l'école, j'ai eu tout de suite des difficultés. J'ai redoublé deux fois le CP à cause de problèmes de surdité. Ensuite, on m'a fait sauter deux classes pour rattraper les deux ans que j'avais perdus, le CE2 et le CM2, les classes les plus importantes alors que je n'avais pas forcément le niveau pour les sauter. Mais ils se sont dit : « On la mettra ensuite en SEGPA, pour rattraper. »

J'ai donc atterri en sixième SEGPA sans que ce soit un choix et j'ai fait mes quatre années de collège SEGPA. Quand on m'a dit que j'allais en SEGPA, je n'étais pas d'accord, je voulais aller en général mais on ne m'a pas laissé le choix.

Je suppose qu'ils en ont discuté avec ma mère. Mais ma mère n'a jamais rien compris à l'orientation à l'école. Je suis d'une génération où on donnait carte blanche à l'école, on pensait que l'école faisait toujours pour le mieux pour nos enfants, ce qui n'est pas forcément vrai. Ma mère lui faisait une confiance aveugle.

À la fin de la SEGPA, j'ai demandé à faire un CAP Petite enfance. Je voulais faire ça depuis très longtemps, je le disais depuis la sixième. La dame de l'orientation m'a dit : « Oh là là, tu ne pourras jamais faire ça, on va t'envoyer en CAP, etc. » Je précise ce que c'est : employée technique de collectivité. En gros, c'est un CAP pour faire le ménage dans les écoles.

Là encore, on ne m'a pas donné le choix. La conseillère d'orientation ne m'a pas écoutée. Et elle m'a bien désorientée.

À l'école, j'aimais bien les maths à part les multiplications, et aussi la science et l'histoire. Mon plus gros point faible c'était le français. J'ai toujours un peu bataillé, avec l'anglais aussi.

Pour les devoirs le soir, j'avais ma grande sœur, on s'entraidait entre les enfants. Ma mère n'était pas très très bonne pour les devoirs. Elle n'avait pas été très loin, elle avait fait un CAP cuisine. Mais je m'en sortais toute seule de toute façon.

Parmi les cinq enfants, on est deux à avoir fait SEGPA, deux autres ont fait le général et j'ai une petite sœur qui est handicapée et qui est en IME (institut médico-éducatif).

Je suis quelqu'un d'assez docile, j'ai fait mes deux ans de CAP, etc. mais je ne décolérais pas parce que je ne voulais pas faire ça, je ne me suis jamais vue faire ça. J'ai essayé après de faire mon CAP Petite enfance en alternance avec un patron. Mais la ville où j'étais ne prenait pas de CAP Petite enfance. J'ai cherché ailleurs mais ils prenaient en priorité ceux de leur ville. Du coup, je l'ai fait par correspondance et je l'ai eu.

Avec mon CAP Petite Enfance, j'ai travaillé plusieurs années en école maternelle en tant qu'ATSEM (agent territorial spécialisé des écoles maternelles). Puis j'ai travaillé en crèche avec les plus petits. Après, j'ai changé de métier pour mes enfants à cause des horaires. Si on me proposait les mêmes horaires que j'ai maintenant, je reprendrais sans le moindre souci.

Quand tu es ATSEM, tu as une amplitude horaire hyper grande. J'aurais été souvent absente de la maison. C'est un choix qu'on a fait de rester le plus possible auprès de nos enfants.

Et puis on n'avait pas les moyens de payer une nounou le matin. Déjà que, là, c'est compliqué avec la crèche pour le petit dernier, les cantines pour les filles…

Ce que j'ai tiré de mon expérience scolaire, c'est que je n'avais aucune confiance en l'école. Zéro confiance. Je pensais que peut-être, elle apporterait des choses à mon enfant mais aussi que c'était un endroit néfaste. J'avais de la colère contre l'école quand j'ai eu ma première fille.

Heureusement, ATD Quart Monde nous a fait un peu changer d'avis. Sans le mouvement, je pense qu'on aurait gardé un regard un peu noir sur l'école. On n'aurait pas les relations qu'on a aujourd'hui avec les enseignants de nos enfants.

Dans le groupe jeunes d'ATD Quart Monde, on devait chacun raconter son parcours scolaire. Là, on s'est rendu compte des différences entre la jeune alliée et les militants présents. On a dit qu'on ne voulait pas seulement témoigner, raconter notre vie et faire pleurer dans les chaumières. Non, on voulait aller plus loin. C'est comme ça qu'a commencé le groupe formation, avec un allié, Vincent, où on a vraiment discuté de l'école et du travail entre enseignants et parents.

C'est comme ça que mon regard a changé. Je ne donne pas les cartes blanches à l'école comme ma mère. Mais on coopère vraiment avec la maîtresse, on est une équipe, ce n'est pas elle qui décide de tout. On travaille ensemble et on essaie ensemble de faire que ça fonctionne.

Jusqu'à présent, ça fonctionnait bien tout seul. Il faut dire que notre aînée, Alicia, a des facilités, elle s'est baladée de classe en classe. Elle est en CM2 et nous n'avons jamais passé des heures avec elle pour faire les devoirs.

Là, ça ne fonctionne plus tout seul. Notre deuxième fille, Mélissa, a des capacités mais moins de facilités. Alors on galère un peu plus et comme avant on avait une enfant qui roulait, on a l'impression qu'elle est en grand danger. L'école nous dit : « Mais non, calmez-vous, ce sont des problèmes normaux, il faut lui laisser du temps. » Mais nous, on a peur parce que nous aussi on a connu l'échec et on ne veut pas que notre fille connaisse cet échec-là. Donc on la pousse, on la pousse, mais c'est difficile et on se sent un peu en échec en tant que parents parce qu'on n'y arrive pas.

On parle beaucoup avec les enseignants. À la réunion de rentrée, j'ai pris la maîtresse de Mélissa à part, je lui ai parlé des difficultés de ma fille. On a discuté comment l'aider. Je lui ai dit qu'elle était trop cool avec ma fille.

Mélissa a eu l'enseignante qu'elle avait déjà eue en petite et en grande section de maternelle. En la voyant arriver, ma fille a dit : « Elle est gentille, elle m'a eue deux ans, je vais pouvoir faire ce que je veux. » Comme la maîtresse savait qu'elle avait des difficultés et qu'elle allait chez l'orthophoniste, elle m'a dit qu'elle ne voulait pas lui mettre trop la pression. Mais je lui ai répondu : « Il faut lui mettre la pression parce qu'elle ne se la met pas du tout. » La maîtresse a rigolé et a dit qu'elle allait lui en mettre un petit peu plus.

On l'aide le soir pour son travail et on y passe beaucoup de temps. Alors, on a appris à déléguer. On a une Maison de quartier qui fait de l'aide aux devoirs. On y a inscrit Mélissa deux jours par semaine parce que les tensions étaient telles qu'on avait besoin d'être aidés. Même si on essaie de faire au mieux, il y a des jours où on capitulait avant qu'elle ait fini ses devoirs.

En plus, à côté, il y a la grande qui sent bien qu'on passe beaucoup de temps avec la petite et qui nous dit : « Je n'ai pas compris cet exercice. » Quand tu t'assoies à côté, tu t'aperçois qu'elle a tout compris, c'est juste qu'elle veut qu'on l'aide un petit peu aussi. Il faut qu'on se partage et ce n'est pas toujours facile.

C'est sûr que nos filles auront plus de chances que nous de réussir à l'école parce qu'on est derrière. Je ne veux pas dire qu'elles seront obligées de faire de grandes écoles ni d'être médecin ou avocat. Elles feront ce qu'elles veulent. On veut seulement qu'elles aient le choix de leur métier alors que, nous, on ne l'a pas eu. Je veux que si une de mes filles veut faire médecin, elle puisse être médecin, si elle veut être mécanicienne, qu'elle le soit. Qu'elle ait le choix.

Au début, je n'étais pas intéressée par les parents d'élèves, je me disais qu'il y en avait d'autres qui le faisaient aussi bien. Puis j'ai eu envie d'être partie prenante. Ça fait deux ans que j'y suis et je trouve ça bien, même si ça m'énerve parfois.

On vient de fermer une classe parce qu'il manquait quelques élèves. L'inspectrice savait qu'on allait en avoir de nouveaux mais elle a quand même fermé la classe au deuxième conseil de classe. On a eu les nouveaux élèves mais pour une réouverture il faut beaucoup plus d'enfants.

Quand on lui a dit que les classes allaient être surchargées, l'inspectrice nous a répondu qu'on avait de super enseignantes et que nos enfants s'en sortiront très bien. En attendant, ce ne sont plus que des doubles niveaux. Je sens la différence avec ma fille Mélissa. L'année dernière, elle avait un CP simple et cette année c'est un CP-CE1, c'est beaucoup plus compliqué.

Dans l'ensemble, dans notre école nous sommes écoutés. On est dans une bonne école, on a la chance de ne pas être dans les écoles où, nous, on était petits. C'était le bazar tout le temps, tu ne pouvais pas apprendre correctement, ça frisait le zoo.

Ici c'est une petite école avec une mixité sociale comme dans le quartier. Il y a des gens comme nous et des gens plus aisés. Il y a des Français, des Arabes, des Chinois, etc., et ça marche bien. On s'entend et on se respecte. Il n'y a pas d'abus de pouvoir.

Bientôt dans le quartier, ils vont ouvrir une école privée catholique Charles-de-Foucauld. On est un peu inquiet avec les parents d'élèves. Il ne faudrait pas que tous les parents qui ont de l'argent mettent leur enfant là-bas. Plusieurs écoles à Bron pourraient être touchées. On se fait du souci, on se demande s'il va y avoir un tri.

Le confinement a été très dur, on n'en garde pas un bon souvenir, spécialement avec Mélissa. Sa maîtresse était déjà absente avant. L'école a mis un mois à se rendre compte qu'on ne recevait pas de devoirs et que, quand on en recevait, ils n'étaient pas forcément adaptés. Les élèves ont travaillé pendant quatre semaines sur les dinosaures. Ma fille, au bout de deux semaines, ne pouvait plus les voir. J'ai fini par me servir d'un cahier de vacances.

Quand le confinement est arrivé, on n'avait pas d'ordinateur, l'ancien avait planté il y a quelques années. On s'était dit qu'on n'en rachèterait pas pour l'instant, qu'on ferait avec le téléphone, qu'il valait mieux d'abord changer la machine à laver le linge, le lave-vaisselle… Mais on s'est vite rendu compte qu'avec le téléphone c'était très compliqué. Grâce à ATD Quart Monde, on a eu droit à un prêt d'ordinateur.

L'école ne demandait pas si on était équipé. La maîtresse d'Alicia a même été surprise quand on lui a dit qu'on nous avait prêté un ordinateur. Ils n'imaginaient pas qu'il y avait des enfants qui n'avaient pas d'ordinateur à la maison.

Avant le confinement, on prônait le « pas trop d'écran » pour nos enfants. Avec le confinement, les écrans sont arrivés dans leur vie comme pour remplacer la maîtresse. On les a vus les regarder de plus en plus parce qu'ils étaient bien forcés de les utiliser et on était là, impuissants. On voit bien aujourd'hui qu'ils ont pris goût aux écrans.

Pendant le premier confinement, il n'y a eu aucune solidarité. Je crois que tout le monde a eu peur et plus personne ne sortait. Même nous, avec notre dernier qui était tout petit, moins on croisait de monde mieux c'était. On ne connaissait rien du COVID. On s'est retranché tous les cinq et on a fait notre vie de notre côté.

Pour les autres confinements qui étaient plus limités et moins angoissants, il y a eu de l'entraide. On donnait des photocopies. Puis les enfants sont allés à l'école normalement, à l'exception de notre deuxième qui a été cas contact, donc isolée huit jours.

Ce qui était pénalisant pour les enfants, c'est que nous, les parents, on ne s'improvise pas professeur. On l'a bien vu avec Alicia. On avait dit que pendant le confinement, les enfants ne feraient pas de nouvelles choses. Mais la maîtresse d'Alicia a continué son planning et elle a commencé les divisions. Moi, j'avais appris d'une manière, mon mari d'une autre manière et Alicia encore d'une autre manière. À la maison, c'était 14 Juillet parce que personne ne s'entendait sur la manière de faire… Du coup, on ne pouvait pas l'aider.

Je sais que mes enfants n'auront pas les mêmes chances de réussite que des enfants de milieux plus aisés. L'exemple typique : si leur enfant est en difficulté, ils vont payer un prof particulier, alors que, nous, on n'a pas forcément les moyens, on se débrouille avec les moyens du bord.

Moi, j'aimerais avoir un prof particulier, juste quelqu'un qui m'explique comment faire les mots de dictée avec ma fille, comment lui faire apprendre sans s'énerver. Comme elle va à l'aide aux devoirs, je pensais qu'elle allait me donner des techniques mais elle ne dit rien.

Quand on est en réunion, il y a des parents qui disent qu'il n'y a pas assez de devoirs. J'ai envie de répondre que ma fille en a assez et que je galère déjà. Il y a même des parents qui expliquent qu'ils rajoutent des devoirs tous les soirs à leur enfant !

Qu'est-ce qu'il faudrait changer à l'école pour qu'elle soit plus juste ? Déjà, je verrais une chose. Ici, la mairie a décidé que les enfants ne feraient pas leurs devoirs pendant l'étude. Ceux qui restent jusqu'à 17 h 45 doivent alors les faire en rentrant chez eux. Ça veut dire qu'on n'a plus de relais à l'école.

Une école plus juste serait aussi une école où les enfants ne sont pas trop nombreux dans les classes. Dans celle de ma fille, ils sont vingt-sept en double niveau.

Une école idéale, ça serait encore prendre du temps avec un enfant ou deux, un temps plus personnalisé comme ils font le soutien le midi où la maîtresse prend deux élèves. Il faudrait que ce soit plus souvent, pour que les enfants soient tous à peu près du même niveau.

On est dans une société où il faut réussir à l'école, sinon on ne te donne pas ta chance, à moins de rencontrer la bonne personne. Moi je pense qu'on peut apprendre autrement mais c'est ma version. Par exemple, j'ai fait un CAP Petite enfance et j'ai atterri dans le secrétariat sans avoir fait des études dans ce domaine. Je ne comprenais même rien à l'informatique. Mais quand j'en ai eu besoin pour le boulot, j'ai appris et maintenant, je m'en sors super bien.

C'est quand même une chose que je ne souhaiterais pas à mes enfants parce qu'on est très peu à y croire. Si tu veux faire un travail de secrétariat, il vaut mieux que tu aies le diplôme de secrétariat.

Je n'ai pas envie que mes enfants aient à mendier comme je mendie. Aujourd'hui je suis encore en CDD, renouvelé tous les mois, c'est un travail précaire. Je suis considérée comme une secrétaire de seconde zone. C'est quelque chose que je ne souhaite pas à mes enfants. J'ai envie qu'ils aient un travail où ils s'épanouissent, qu'ils soient bien et qu'on les traite comme il faut. Si tu as les diplômes, c'est plus facile.

« C'est important d'avoir des diplômes pour s'assurer un avenir »

Raphaël, en CAP Mécanique à l'école de production Juralternance à Dole

Thomas, en CAP Métallerie à l'école de production Juralternance à Dole

Raphaël, 16 ans, habite à Évans, un petit village du Jura, et Thomas, 17 ans, est originaire de Chevigny, dans le même département. Ils sont tous deux élèves à l'école de production Juralternance de Dole créée par l'association ECCOFOR, un projet soutenu par ATD Quart Monde destiné à des jeunes laissés sur le bord de la route par l'école. Raphaël est en deuxième année de CAP Mécanique automobile, Thomas en deuxième année de CAP Métallerie.

Tous deux ont en commun d'avoir connu une scolarité difficile, heurtée et souvent douloureuse. Ils n'ont pas trouvé de sens à l'école et aux apprentissages, et ils estiment ne pas avoir reçu l'aide qu'ils attendaient. À l'école de production d'ECCOFOR

où l'« on apprend en faisant », ils ont retrouvé goût au travail et peu à peu ils ont rebâti une confiance en eux qu'ils avaient perdue au fil de leur scolarité.

* * *

Raphaël

Je dirais que mon parcours scolaire n'est pas génial. J'ai été exclu d'un collège et je n'ai pas été le meilleur élève.

Je n'ai pas trop de souvenirs de la maternelle à Fraisans, un petit village à côté du mien. Je crois que l'ambiance était cool, j'ai appris pas mal de choses.

Après, j'ai fait ma primaire dans mon village à Évans. Au début, ça se passait bien. C'est vers le CM1-CM2 que ça a commencé à tourner, j'ai commencé à être l'élève pénible, le perturbateur. J'aimais bien rigoler en classe, je ne suivais pas trop, je n'aimais pas ça. Mes notes descendaient, je mettais le bazar et j'ai failli me faire exclure de mon école. J'étais un peu violent du coup à cause de ça.

Ça a empiré au collège. J'ai bien vécu ma sixième même si c'était un peu bizarre, même perturbant, de passer d'une petite école à un grand collège de plus de trois cents personnes, le collège Gustave-Eiffel à Fraisans. Je m'y suis fait mais c'était assez compliqué au début.

Après, j'ai bien vu que je n'aimais vraiment pas l'école. Je ne révisais pas mes leçons, je ne faisais pas mes devoirs, je prenais des mots des professeurs et des heures de colle. Puis j'ai commencé à faire le bazar comme tout le monde, enfin comme quelqu'un qui ne s'intéresse pas à l'école. Et en troisième, je me suis fait exclure de mon collège pour plusieurs bêtises.

Je me suis retrouvé à Dôle dans une école qui accueille des jeunes qui, comme moi, ont été exclus – je ne sais plus comment ça s'appelle exactement. C'est un endroit où on reste deux ou trois mois avant de rejoindre un nouveau collège ou un nouveau lycée. Ils essaient de nous redonner un peu goût à l'école, le goût aussi de travailler et de savoir travailler en classe, d'être respectueux, toutes ces choses-là. On était par petits groupes de quatre ou cinq.

J'y suis resté trois mois. Ça s'est super bien passé. Après, j'ai intégré le collège de l'Arc à Dôle. J'ai fini ma troisième là-bas. Malheureusement, je n'ai pas eu mon brevet.

Et puis j'ai découvert ECCOFOR et l'école de production Juralternance où je suis en deuxième année de CAP Mécanique automobile. Pour l'instant, ça se passe super bien. Je m'adapte, je n'aime toujours pas forcément les cours mais j'essaie de rester calme, d'écouter un minimum parce que je sais qu'à la fin j'ai un diplôme à passer.

Pourquoi je n'accrochais pas à l'école ? C'était le fait que l'on m'oblige à apprendre des choses que je ne voulais pas savoir. Je me disais que ça ne me servirait à rien dans la vie.

Ça a commencé fin de CM1 début de CM2. Je n'aimais pas apprendre par cœur, ça m'embêtait. J'étais plutôt du genre à jouer à la console. Je n'avais pas envie de travailler. À force, j'ai arrêté d'écouter et de faire.

Les professeurs au collège ne m'ont pas aidé. Au contraire. On m'a limite rabaissé. Même le principal m'a dit un jour que je n'arriverais jamais à rien dans la vie. Les profs me prenaient pour un cancre, ils ne voulaient plus m'aider.

Au début, face à mes problèmes scolaires, mes parents me soutenaient, ils voulaient que je travaille, on me forçait à travailler. Quand au collège j'ai commencé à faire mes bêtises, à avoir de mauvaises notes et prendre beaucoup d'heures de colle, mes parents, au bout d'un moment, ont lâché l'affaire. Ils savaient que je ne pourrais peut-être pas remonter la pente.

À un moment, je passais mes journées sur ma console et ça devenait un gros problème. J'étais limite accro. Je préférais jouer aux jeux vidéo plutôt que d'aller à l'école ou de sortir voir des amis. Mes parents n'ont jamais essayé de me limiter. Ils savaient que pour moi c'était comme un refuge. C'est là où je me sentais bien, j'étais content, heureux.

J'ai diminué depuis que je travaille beaucoup plus à l'école. J'ai moins de temps pour la console. En ce moment, je ne touche quasiment plus à une console parce que j'ai beaucoup plus de choses à faire, à réaliser.

J'ai aussi découvert une nouvelle passion : aller à la salle de sport. Je n'ai quasiment plus de temps pour jouer aux jeux vidéo. Et je préfère ça.

Je crois que malgré mes problèmes scolaires ma mère continuait de croire en moi, même si elle ne l'a pas forcément fait voir. Mais quand je suis allé dans un nouveau collège après mon exclusion en troisième, et que j'ai commencé à travailler et à avoir des bonnes notes, j'ai vu qu'elle était fière de moi. Ça m'a aidé.

C'est d'ailleurs un collègue de ma mère qui connaissait ECCOFOR et l'école de production qui lui en a parlé. Je suis allé me renseigner. J'ai fait un stage et, après, je suis entré à l'école de production.

Moi, ça fait depuis la cinquième que je voulais faire de la mécanique. Mais quand je suis sorti de troisième, je n'avais pas un assez bon dossier pour intégrer le lycée Fertet à Gray (lycée des métiers automobiles), une école de mécanique.

Je préfère ECCOFOR à l'école parce que je fais ce que j'aime, la mécanique. Et puis les cours sont allégés, c'est beaucoup plus simple. On a aussi toujours quelqu'un derrière nous si on ne comprend pas ou si on a besoin d'aide. Je trouve que c'est normal.

Pour préparer le CAP, on n'a pas vraiment de devoirs. Après, ça dépend des gens. Il y en a qui ont envie de travailler à la maison et ils le font, d'autres qui choisissent de ne pas travailler. Moi je préfère réviser parce que je sais qu'il y a des matières où je suis moins bon. Celles où je suis à peu près bon, ça serait l'anglais, les maths et le français même si j'ai encore quelques problèmes d'orthographe.

L'année dernière, j'ai eu un super bon dossier. Du coup, il est remonté au lycée Fertet et j'ai été accepté. J'avais donc le choix : soit je restais à ECCOFOR soit j'allais à Fertet. Comme ça faisait déjà un an que j'étais à l'école de production, j'ai préféré rester. La formation me plaît, je passe le CAP cette année.

Pourquoi j'ai réussi à avoir un bon dossier ? J'ai grandi, j'ai pris un peu en maturité. Et je me suis dit : « C'est bien beau mais il faut que je travaille. Ce n'est pas comme ça que je vais finir ma vie. »

Mon idée, c'est de passer un bac pro au moins, pour être mécanicien. Je ne sais pas si je pourrais avoir un jour mon propre atelier, j'aimerais bien mais c'est compliqué à gérer, c'est beaucoup de papiers. Pour l'instant, mécanicien dans une entreprise, ça me suffit largement.

Pour améliorer l'école, je pense déjà qu'il faudrait changer le comportement des professeurs. Par exemple, j'étais un élève en détresse mais, au lieu de m'aider, ils m'ont enfoncé. Je trouve ça dommage parce qu'ils sont là pour nous aider.

Au collège de Fraisans, je n'ai eu aucun prof qui m'a aidé. Au collège à Dole, où je suis allé après mon exclusion, c'était différent. Certains professeurs m'ont aidé, surtout ma professeure principale qui croyait beaucoup en moi. Ça m'a pas mal aidé.

Dans ce collège, ils ne me connaissaient pas quand je faisais des bêtises et que je mettais le bazar. Et puis je me faisais assez discret, je ne suis pas quelqu'un à me faire remarquer par tout le monde.

Mes parents voudraient bien qu'on ait des diplômes parce qu'ils savent que c'est important. Je suis d'accord avec eux : c'est important d'avoir des diplômes pour s'assurer un avenir, c'est logique.

Ma mère, qui est secrétaire, a passé un CAP Secrétariat. Mais elle trouvait qu'elle ne gagnait pas assez avec son CAP. Alors à quarante-et-un ou quarante-deux ans, elle est retournée à l'école et elle a passé un bac. J'admire un peu. Mon père, lui, est mécanicien outilleur et je crois qu'il a aussi un bac.

J'ai deux frères. Mon grand frère, qui a huit ans de plus que moi, a eu deux CAP, un de Bronzier d'art et un autre dans la métallerie je crois. Depuis, il a complètement changé de voie parce qu'au final, ça ne lui plaisait plus. Il s'est retrouvé à travailler dans des fast-foods et des trucs comme ça. Là, il est au chômage.

Mon petit frère est à peine au collège à Fraisans et ça va bien pour lui. Il a mes anciens profs qui ont connu toute la famille. Je l'aide des fois pour faire ses devoirs.

À mon avis, on peut réussir de deux façons, avec des diplômes ou en faisant sur le terrain. Je dirais que tu apprends beaucoup plus de choses en ayant des diplômes et tu peux aller plus loin, que ce soit au niveau de ton poste ou de la paie. Je l'ai vu avec ma mère qui a préféré passer un bac pour être mieux payée. Mais on peut toujours réussir dans la vie même sans diplôme.

Plus tard, quand je serai mécanicien, je ne me verrais pas forcément changer de région parce que je m'y sens bien. Evans, c'est un tout petit village. On a une petite maison avec un bout de terrain. Je préfère ça que de me retrouver en ville, pour le confort. Évidemment, en tant que jeune, j'aimerais mieux être dans une ville. Mais, plus tard, je pense que ce serait mieux d'habiter dans une petite maison.

Ce que j'aimerais, c'est visiter le monde, les grandes villes de grands pays comme Tokyo, après l'Espagne, le Portugal, etc. Ça m'intéresse beaucoup de voir la culture des gens, d'apprendre sur ces cultures.

Je suis déjà allé en Italie, en voyage d'école. Je suis allé aussi en Allemagne quand j'étais en élémentaire. Ce sont les deux pays que j'ai un peu visités pour l'instant.

Je ne suis jamais allé à Paris. On reste plutôt dans le coin, mes parents ne sont pas trop du genre à voyager et on ne part pas forcément en vacances.

Je me verrais bien découvrir le monde dans quelques années. Le temps que je construise un peu ma vie avant.

Thomas

En maternelle, j'étais à Menotey, un village à côté de chez moi. En primaire, je suis allé à l'école Wilson à Dole, puis j'ai changé d'école. Ensuite, je suis allé au collège à Dole. En ce moment, je suis à ECCOFOR, à Dole toujours.

Au début, j'aimais bien les cours mais, après, plus j'avançais moins j'aimais... Quand j'étais à l'école Wilson en CE1 et CE2, j'aimais bien travailler mais il y avait une prof qui ne m'aimait pas. Elle m'a dégoûté des cours. Elle ne voulait pas de moi dans sa classe, elle ne s'occupait pas de moi. Malheureusement, je l'ai eue deux ans de suite. Je m'en fiche maintenant mais ça m'a marqué. C'est pour ça que je n'aime plus les cours. Comme j'avais plein de copains, je voulais venir en classe juste pour les voir, les cours je m'en fichais.

En CM1 et CM2, j'étais dans une autre école mais la maîtresse aussi ne m'expliquait rien. J'étais en retard par rapport aux autres et j'avais une AVS (auxiliaire de vie scolaire). J'ai vu que je n'avais pas les mêmes capacités que les autres et je suis allé en SEGPA au collège.

J'ai fait de la sixième à la troisième en SEGPA. J'étais toujours dégoûté de l'école. Le brevet, ils nous l'ont donné gratuit à cause du COVID en 2020.

À la sortie du collège, je ne voulais pas aller dans un lycée. Je voulais directement travailler, je voulais faire chaudronnier, celui qui tape sur le métal chauffant. Je préfère tout ce qui est manuel. Pour moi, l'école ça ne me sert à rien, c'est plus du bourrage de crâne qu'autre chose.

Mais à Dole je n'ai pas trouvé. Du coup, ma mère a cherché sur internet. Elle a trouvé ECCOFOR et elle m'a inscrit. Là, je suis en deuxième année Métallerie et je passe le CAP en mai-juin.

C'est mieux que le collège. Je suis content, j'apprends plein de trucs. Ça m'a redonné confiance, envie de faire quelque chose

Ce n'est pas chaudronnier mais c'est métallier qu'on prépare ici. Il faudra que je trouve autre chose mais ça va quand même m'aider parce que c'est proche. En métallerie, tu travailles le métal, tu soudes, tu tapes au marteau mais tu ne chauffes pas. Tu apprends comment mesurer, découper avec les machines, construire des armoires, réparer des cages tout abîmées.

Après, je vise le bac pro et un apprentissage chez quelqu'un.

À ECCOFOR, il y a aussi des cours en français, maths, histoire géo, anglais, physique-chimie, mais je m'en fiche. En première année, on avait un atelier philo. C'était un temps où on discutait tous ensemble autour d'une table de plein de sujets différents, ça me plaisait beaucoup.

J'aime bien l'ambiance ici, même si ça crie de temps en temps. Ce n'est pas comme dans les collèges. Ils prennent le temps de t'expliquer, ils sont polis, ils disent « bonjour », « au revoir », « bon appétit », ils sont sympas avec nous.

En deuxième année Métallerie, on est six – Demba, Moussa, Eliott... On était douze en première année mais ils ont séparé les classes parce que c'était le bazar. Ils font attention à nous, ce sont des gens bien.

Quand j'avais des problèmes à l'école, mes parents allaient régulièrement discuter avec la maîtresse. Mon père, qui est chauffeur de bus, lui disait qu'elle ne savait pas gérer ses élèves, que c'était une incapable... Même ma mère disait qu'elle n'avait pas sa place dans le collège en tant que prof.

Mes parents m'encouragent à continuer mes études. Eux, ils sont allés à l'ancienne école comme ils disent, où on était sévère. Ils m'ont expliqué : « Nous, on était obligés de travailler, si on ouvrait la bouche, on se prenait des coups de règles sur les doigts. » Ils disaient aussi : « Vous avez de la chance d'avoir des écoles qui sont sympas parce qu'on n'avait pas ça dans le temps. »

Ma mère ne travaille plus. Avant, elle s'occupait d'enfants en maternelle, elle aidait la maîtresse. Je ne sais pas si mes parents ont passé le brevet, ils ne m'ont jamais parlé de leurs diplômes.

J'ai une sœur de vingt-trois ans, six ans de plus que moi. Elle aimait bien l'école, elle a plein de diplômes. Je crois qu'elle a un CAP, le brevet, elle est allée en université, elle a un BTS. Elle a travaillé dans un bowling, dans une pizzeria, dans les bureaux.

Avant, quand j'avais des devoirs le soir, je passais des heures dessus, c'était un peu l'épreuve. Mes parents m'aidaient mais ils galéraient à m'expliquer. Ma sœur, avant qu'elle parte de la maison à dix-huit ans, m'expliquait beaucoup et bien.

Il y a quand même des devoirs que j'aimais bien. Par exemple quand c'était des textes avec des questions. À la base, je n'aime pas lire mais ça m'intéresse de lire des textes et de répondre aux questions dessus. Par contre, je n'aime pas les problèmes, les opérations et plein d'autres choses encore.

Pendant le premier confinement, je faisais tous les jours des devoirs sur l'ordinateur, c'était l'enfer. Après, pendant le deuxième confinement, à ECCOFOR, ils ne donnaient pas de devoirs, il fallait plutôt réviser.

À la maison, on a un ordinateur pour toute la famille. Mes parents me le laissaient, ils n'étaient jamais dessus. Il y a une bonne connexion sauf quand il pleut ou qu'il y a un orage. Autrement, quand il fait beau, elle est bonne.

Mes activités en dehors de l'école, ce sont les jeux vidéo et la muscu. À part ça, j'aime tout – téléphone, cinéma, restaurant, piscine… Je ne vais pas dans une salle de sport, je fais la muscu tout seul à la maison depuis que je suis petit. J'ai commencé quand j'avais neuf ou dix ans avec ma sœur qui faisait de la gym.

C'est ma mère qui a trouvé ECCOFOR sur internet, mais ce n'est sûrement pas moi ! Parce que je ne cherche pas des trucs pour travailler, je préfère rester chez moi tranquille.

Ma mère veut que je continue les études. Comme ça, j'aurai de meilleurs diplômes et je pourrai aller partout parce qu'avec un CAP tu n'as presque rien, alors que, si tu as le bac ou autre chose, tu es assuré, tu peux aller partout. Moi aussi, j'ai envie d'avoir des diplômes.

« Dialoguer, dialoguer, avec les enseignants »

Paulette, militante Quart Monde à Toulouse

Paulette, 63 ans, est née et a grandi à Toulouse et dans la région. Elle a huit enfants dont la benjamine a 17 ans, ainsi que neuf petits-enfants. Inscrite à l'ANPE, elle espère faire une formation d'agent d'accueil.

Paulette a rencontré ATD Quart Monde à l'âge de douze ans. Elle a commencé par participer à la bibliothèque de rue Quart Monde dans son quartier : « On allait taper aux portes des appartements à Bagatelle et on s'installait devant les entrées des HLM. On allait au théâtre aussi voir des pièces. » Plus tard, elle s'est engagée dans le groupe local d'ATD Quart monde et en 2010, elle a fait son premier Croisement des savoirs et des pratiques©. Paulette participe aussi à l'Université populaire Quart Monde à Toulouse.

* * *

Je ne suis pas allée à l'école ou disons que j'y suis allée de temps en temps en primaire parce que j'allais travailler dans les champs. À la rentrée, on me mettait à l'école et quand la saison commençait je quittais l'école et je revenais l'année d'après. Quand je ne répondais pas à l'appel, ils disaient : « Elle est en train de faire les vendanges. »

J'étais mal à l'aise parce qu'à l'école, on me mettait dans un coin à faire des coloriages. Mes parents ont beaucoup voyagé. On arrivait dans un petit village. Ma mère m'inscrivait, on restait deux jours et on repartait vers un autre village où on me mettait encore à l'école et ainsi de suite. La catastrophe quoi ! Mes parents étaient obligés de nous inscrire. Ils avaient un carnet de circulation à présenter dans chaque mairie pour qu'il soit tamponné.

C'est avec ATD Quart Monde que j'ai appris à lire et à écrire, pas à l'école. Quand j'ai eu l'âge de rentrer au collège, j'y suis restée un peu et j'ai eu mon CAP de couture. Je ne sais même pas comment j'ai fait pour l'avoir mais je l'ai eu. C'est vrai que quand j'aime quelque chose, je me donne à fond. J'aimais la poésie et j'avais vingt à chaque fois en récitation et en poésie, et je pleurais quand il fallait repartir.

J'aimais l'école parce que je pensais que le savoir est quelque chose d'important. Sans savoir on est un peu hors de la vie. Si on ne sait pas lire, on est obligé de demander. Lire, c'est une certaine dignité. Mon père disait : « Du moment que vous savez lire et écrire, vous pouvez passer partout. » Et je lui répondais : « Tu ne nous laisses pas le temps d'aller à l'école. » Mais j'avais une bonne tête et j'ai appris très vite. Pour écrire, j'ai encore du mal.

J'aime bien lire et je lis beaucoup. J'ai la chance d'avoir une fille qui travaille à la médiathèque. Il y a une émission à la télévision sur la 2 où on nous montre des auteurs et leurs livres. Quand il y a un livre qui me plaît, je demande à ma fille de le trouver. Quand je lis, je rentre dans le personnage et, s'il a une fin tragique, dans ma tête j'essaie d'en trouver une meilleure. J'adore, et ce savoir-là, c'est ATD qui me l'a apporté.

Quand j'ai eu l'appartement dans le quartier de Bagatelle, j'ai mis les enfants à l'école maternelle. Comme Sylviane était asthmatique, elle n'a pas pu y aller mais elle a fait le primaire à Montauban, une dure période de séparation pour moi.

Je voulais que mes enfants sachent au moins lire et écrire. Avec mon fils aîné aussi, j'ai eu des problèmes. Parce qu'il est basané brun et qu'il ne porte pas le même nom que ses frères et sœurs, on voulait l'envoyer dans une école spéciale pour les Gens du voyage. Mais, nous, on voulait que les enfants soient ensemble. Alors avec mon mari on s'est battu pour. Mon mari a écrit une lettre à l'académie, la réponse a mis trois mois pour arriver. Pendant ce temps-là, le petit restait à la maison. On a réussi et ils ont accepté de les mettre tous ensemble.

Mais c'était aussi un mal car, dans cette classe-là, ils n'apprenaient rien, ils ne faisaient que du jardinage. Ma fille Sandy qui aimait apprendre disait : « Maman, on nous fait faire que le jardinage et nous balader pour ramasser des fleurs. » Je suis allée voir la maîtresse et je lui ai dit : « Mes enfants, je les envoie à l'école pour qu'ils apprennent à lire et à écrire. Un moment de jardinage c'est bien aussi, mais comme ça, ça va pas. » Elle m'a répondu : « Je ne peux pas me fixer sur vos enfants, j'ai toute une classe. Si ça ne va pas, vous n'avez qu'à les changer d'école. »

C'est ce que j'ai fait. J'ai décidé de les mettre en internat à Saint-Gaudens. Matthieu, Sandy et Sue Hélène chez les sœurs, et ils ont commencé à bien apprendre. Les trois sont restés quatre ans chez les religieuses. Puis ils m'ont dit que les sœurs les frappaient. Du coup je les ai enlevés mais les sœurs ne voulaient pas les rendre. On est allé au tribunal et j'ai expliqué au juge : « C'est moi qui les ai mis en internat parce qu'ils n'apprenaient rien à Bagatelle. Je n'ai pas demandé qu'on les place. » Grâce à une religieuse, je les ai récupérés. Matthieu est parti à La Grande Allée, une maison d'enfants à caractère social (MECS) à Toulouse, Sandy est partie à Moissac, Sue Hélène à Sarlat avec Sylviane. Et ça a marché super.

Il n'y a que Sandy qui a fait ce qu'elle voulait – travailler dans une bibliothèque –, aidée par des personnes d'ATD qui ne l'ont pas lâchée.

Matthieu voulait être footballeur, il travaille dans une entreprise où il a quand même un bon métier. Sylviane voulait travailler avec les animaux, elle a trouvé un travail d'aide à domicile. Sue Hélène voulait devenir tatoueuse, elle travaille dans une cantine scolaire. Henri voulait être mécanicien mais il a un beau métier : il est chez Airbus.

Ma dernière veut être sage-femme. Là, elle est entrée dans un ITEP professionnel (institut thérapeutique, éducatif et pédagogique). Elle a commencé des stages dans la petite enfance pour avoir le CAP et pouvoir être aide-puéricultrice.

Michael, lui, voulait travailler dans l'audiovisuel. Il avait fait plein de formations sur le sujet mais il fallait de l'argent et du matériel. On n'a pas pu et comme il sortait d'un IME (institut médico éducatif), ça l'a desservi. Il avait du mal à s'exprimer pour les entretiens. Et pourtant, c'est la fille de Tony Gatlif (réalisateur qui a notamment signé plusieurs films sur les Roms) qui l'avait accompagné. Elle voulait qu'il fasse une formation en audiovisuel et elle l'aurait pris sous son aile à Paris. Du coup, il travaille à Toulouse Habitat, il nettoie les rues.

Puis ça a été difficile pour Dylan qui a une pathologie très lourde. Pour l'instant, il n'a pas de travail. Dans sa tête, il refuse de grandir. C'est un bébé de vingt-trois ans et il habite chez son frère.

Suivre huit enfants, c'est difficile d'autant que j'ai toujours essayé de garder le contact avec les enseignants. Le moindre problème et j'allais voir. Une fois, on a frappé Kelly qui est revenue de l'école avec des bleus. J'ai dit : « Demain je t'accompagne à l'école. » Elle ne voulait pas : « Non parce que si tu cries sur les enfants, ça va être encore pire. »

J'y suis allée tout de même. Je connaissais sa maîtresse qui était venue voir un spectacle à ATD Quart Monde. Je lui ai demandé la permission de parler aux enfants en promettant de ne pas crier.

> *Voilà je me présente, je suis la maman de Kelly, je viens vous voir tous parce que Kelly est une jeune fille qui a trop hâte de savoir lire et écrire, parce que c'est le droit de chacun en France. Je veux que ma fille réussisse comme vos parents veulent que vous réussissiez. Vous êtes d'accord ?*

Les enfants ont répondu oui.

> *Ceux qui aiment Kelly peuvent jouer avec elle mais ceux qui ne l'aiment pas je vous demande de la laisser tranquille, arrêtez de la frapper.*

Ça s'est arrêté trois semaines. Mais trois semaines après, ça repartait. Alors on a envoyé Kelly au CMP (centre médico psychologique) en disant qu'elle n'était pas sociable. Quand elle est rentrée au collège, le CMP a été remplacé par l'ITEP où là aussi, elle a pris des coups. Je suis très fière de ma fille car malgré le harcèlement, le matin elle se levait et elle y allait.

Matthieu, Sue Hélène et les autres n'ont pas été confrontés au racisme parce que leur père n'était pas gitan. Mais pour Henri, l'aîné, ça n'a pas été pareil. Du coup, à treize ans, il n'allait plus à l'école. Je suis passée devant le juge qui m'a demandé si Henri me frappait ou s'il cambriolait, j'ai dit que non, qu'il faisait attention à ses frères et à ses sœurs. Alors le juge a dit : « On le laisse tranquille. » Il avait quand même un suivi avec un éducateur et il faisait des cours par correspondance. L'école, ce n'était pas possible pour lui, il était rejeté de tous les côtés.

Pour Kelly, c'était autre chose. Elle est tellement fière de ses origines que quand on lui dit : « Tu es quoi ? », elle répond malgré mes conseils qu'elle est gitane. Au collège, quand on lui a posé la question, trois jours après, les insultes ont commencé.

Un jour, il y a eu un incident. On l'a traitée de sale gitane, elle a répondu et dans son cahier c'était marqué : « Kelly a tenu des propos racistes. » Je suis allée voir le principal et je lui ai dit : « Je ne suis pas contente de ce mot. On l'a insultée et elle a répondu. » Le principal m'a expliqué que ça aurait pu dégénérer. J'ai demandé alors s'il avait marqué le même mot sur les cahiers des autres. Il m'a répondu : « Ça, c'est personnel. »

Les enfants sont très durs entre eux. Quand on insultait ma fille, elle supportait mais, si on traitait sa mère d'alcoolique, Kelly se révoltait. Quand j'allais chercher ma fille à l'école, on me jetait des cailloux.

Quand Sandy a eu son premier travail à la médiathèque, je suis restée un an sans y mettre les pieds. Je ne voulais même pas l'accompagner. Parce que je me suis dit : « S'ils voient que je suis ça, ils vont la jeter. » Après, j'ai eu la chance de faire un Croisement des savoirs© et la cheffe de Sandy y participait. Du coup, elle m'a prise en sympathie et a dit que je pouvais très bien venir à la médiathèque.

Quand mes enfants ont une bonne place, j'ai peur d'y aller, j'ai peur de leur faire perdre leur place. Je souffre de tout ça, il ne faut pas croire.

Je ne peux pas dire que l'école n'a pas été juste avec mes enfants. Kelly s'est plainte d'une maîtresse qui ne lui donnait jamais la parole. Je suis allée la voir et je lui ai dit : « Comment pouvez-vous savoir si elle a des capacités si vous ne l'interrogez jamais ? »

Sa dernière maîtresse, au contraire, faisait bien attention à elle. Je l'ai revue il n'y a pas longtemps quand Kelly est entrée à l'ITEP. Quand je lui ai annoncé, elle m'a dit : « C'est étonnant, votre fille je la voyais bien aller au bac, Kelly était la meilleure élève de ma classe. » Elle avait des capacités que les autres maîtresses n'ont pas vues. En fait les maîtresses allaient et venaient, en un an elle en a eu cinq. C'était perdu pour la plupart des enfants, pas seulement pour Kelly.

De tous mes enfants, seule Sandy a eu le bac, c'est elle qui était à Moissac dans un collège de « bourges » où elle n'a pas subi de racisme. C'était un collège réputé. Elle était au foyer et elle avait de la chance. Il y avait tous les mois une cagnotte et elle pouvait s'acheter des vêtements neufs. Elle avait quatre-vingt-dix euros par mois d'argent de poche. Du coup, elle n'était pas pénalisée, elle se fondait dans la masse. Elle est restée jusqu'à la fin. Elle a un travail et elle est même montée d'un échelon. Elle est très intelligente.

Un qui m'étonne, c'est Henri qui n'a été à l'école que jusqu'à treize ans. J'avais peur qu'il ne trouve rien et il a trouvé Airbus. On lui a payé une formation de pâtissier, il n'est pas pâtissier chez Airbus mais il a eu son diplôme. Il veut ouvrir une pâtisserie à Londres avec sa compagne qui a de la famille là-bas.

Pour moi, réussir, c'est aller jusqu'au bac et avoir un bon métier, commencer par la maternelle, puis le CP et faire le parcours normal. Et, après, avoir un travail qui vous plaît parce que la plupart des jeunes sont forcés de prendre ce qu'on leur donne. Malheureusement, excepté Sandy, aucun de mes enfants n'a réussi à faire le cursus normal. En primaire, on arrivait à gérer un peu mais tout a basculé dès qu'ils sont rentrés au collège.

Je pense que c'est la précarité qui fait que nous sommes différents. Nous ne sommes pas aux normes. Il faut que le papa et la maman travaillent et que l'argent tombe. Il faut avoir l'intelligence, le savoir, s'exprimer correctement. Dans ce cas, c'est bon, vous avez votre place. Mais dès qu'il n'y a pas d'argent, que vous êtes au RSA, que vous habitez un quartier où les maisons sont délabrées, ça y est, vous avez une étiquette sur le dos et vous l'avez pour longtemps.

Pour faire partie de la citoyenneté en France, il faut être comme les autres, ne pas vivre dans la misère ni dans la précarité. Les gens ne réfléchissent pas que c'est la place qu'on nous laisse dans la société qui fait que l'on est comme on est.

Nous, on ne demande qu'à apprendre, qu'à travailler. On ne veut pas être à part des autres. On ne veut pas d'un côté un peuple de misère et de l'autre côté un peuple de riches. On veut être tous ensemble.

Si on veut que les choses changent à l'école, je ne vois qu'une seule chose. Dialoguer, dialoguer avec les enseignants et avec les parents, parler aux enfants qui comprennent vite. Il faut prendre les choses en main pour repérer l'enfant agressé ou isolé. C'est aux enfants qu'il faut faire comprendre qu'il y a des choses qu'il ne faut pas faire. Certains, à cause des agressions, n'arrivent pas à se développer. Ils sont meurtris en eux, ils ont des cicatrices qu'ils ne peuvent plus refermer.

Il faut que ça s'arrête, mobiliser les enfants, les parents, les enseignants, mener des actions. Faire un petit livre, par exemple, avec des petits personnages dès la maternelle. Pour calmer le jeu, il n'y a que le dialogue.

Tout dépend aussi de l'éducation des enfants. Moi, j'ai essayé d'éduquer les miens, de leur dire qu'il ne faut pas faire de mal aux autres, se moquer d'eux, qu'il faut respecter les personnes âgées. Mais on vit dans une époque où tout le monde est agressif, aussi bien les enfants que les parents et les enseignants.

On ne peut pas dire que les enseignants sont tout blanc tout rose. Il y a des fois où ils s'énervent et font des choses qu'ils ne devraient pas faire. Ce qu'il faudrait, c'est organiser un Croisement des savoirs© avec les enseignants et les parents.

Personnellement, le Croisement des savoirs© m'a beaucoup aidée. J'avais tellement subi le racisme que, quand on m'a demandé d'y participer, j'étais certaine de ne rien avoir à dire. Des alliés d'ATD Quart Monde m'ont poussée, ma fille aussi.

J'y suis allée mais quand j'ai vu toutes ces personnes bien habillées, la table ronde, je me suis demandé ce que je faisais là. J'ai commencé à paniquer. Martine, une autre militante, m'a rassurée, c'était son premier Croisement des savoirs© aussi. Puis on a travaillé sur des récits et quand j'ai vu comment ça se passait, je me suis dit que c'était intéressant parce que les gens s'expriment et j'en avais envie moi aussi. Je me suis dit : « Je vais ouvrir ma bouche parce que j'en ai marre que personne m'écoute. »

Il y avait l'assistante sociale qui ne m'écoutait pas. Il n'y en avait que pour mon mari – « Monsieur F. a eu son bac, il est intelligent, vous, vous ne savez pas lire. » Elle me rabaissait toujours plus. J'ai pris rendez-vous avec elle et j'ai pu m'exprimer, j'ai osé.

Maintenant je fais des formations à la bibliothèque où il y a des étudiants qui m'apprennent à me servir d'un ordinateur. J'ai commencé il y a trois jours. Si je veux être agent d'accueil, il faut que je m'y mette. De toute façon, je suis quelqu'un qui chope tout ce que je peux choper. Tout m'intéresse.

Je voulais que mon père me mette en internat pour apprendre, je l'ai supplié mais il n'a jamais voulu et ça m'a privé de pas mal de choses. Je voulais partir en Afrique pour être aide-soignante. Une religieuse de l'internat m'avait fait passer un petit diplôme et je devais partir à dix-neuf ans. Mon père a refusé. Alors, je lui ai dit que je ferais n'importe quoi et c'est ce que j'ai fait. Je me suis mariée avec le premier qui passait, ça a été le père de mon fils Henri.

C'est très dur d'interdire d'apprendre à un enfant. Mon père voulait juste que je sache lire et écrire pour l'aider parce que lui ne savait pas. Ma mère, mes frères et sœurs non plus ne savaient pas lire, ce sont leurs enfants qui leur ont appris. Ma sœur a appris à soixante-dix ans et elle est toute fière !

Pendant le confinement, on n'avait pas d'ordinateur et on recevait les devoirs par courrier. Comme ma dernière fille est en ITEP, l'éducateur venait deux fois par semaine à la maison pour voir comment ça allait et la psychologue gardait un lien par téléphone à peu près tous les jeudis. Ils prenaient la petite en charge. L'assistante sociale a fait des démarches pour qu'elle puisse avoir un ordinateur.

J'ai neuf petits-enfants. Mon petit-fils Enzo était au lycée du quartier Borderouge. II a quinze ans, il a réussi son diplôme de cuisine. Mon petit-fils Wesley, lui, est lycée de Muret. Il fait des stages de cuisine lui aussi. Il est tout heureux parce qu'on lui a donné la tenue avec le chapeau blanc et la petite valise de couteaux.

Il y en a un qui a douze ans et qui est intenable quand il vient pour les vacances mais, à l'école, la maîtresse est très contente de lui. Ils leur ont offert un ordinateur à chacun. Mes petits-enfants travaillent tous bien à l'école. Ma petite-fille Stella, qui est au collège de Saint-Lys, à coté de Toulouse, veut être dessinatrice. Elle fait des trucs magnifiques. Et mon fils veut l'inscrire aux Beaux-arts. À l'école, elle a droit à une bourse. J'ai demandé si on pouvait exposer ses dessins à ATD Quart Monde à Toulouse. Pour montrer que les enfants qui sont en situation de grande précarité, ont eux aussi l'intelligence et des dons.

« Il faudrait mettre des militants Quart Monde à discuter avec le Premier ministre »

Murielle, militante Quart Monde à Rennes

Murielle, 55 ans, habite à Saint-Jacques-de-Lalande, à côté de Rennes. Elle a quatre enfants dont les deux derniers, deux garçons de 19 ans et 17 ans, vivent avec elle, ainsi que deux petits-enfants. Victime de violences familiales, Murielle fut une enfant placée. Elle a depuis fait un long chemin, avec une force de caractère et la volonté de toujours aller de l'avant qui forcent le respect.

Murielle, qui perçoit l'allocation aux adultes handicapés (AAH), est militante d'ATD Quart Monde depuis une douzaine d'années. Elle a rencontré le mouvement par hasard, explique-t-elle.

J'avais eu des problèmes avec des travailleurs sociaux pour mon dernier. L'hôpital avait signalé qu'il était en danger parce qu'il était en dessous du poids normal et demandé son placement. La maîtresse de la moyenne section m'a fait connaître deux volontaires d'ATD Quart Monde dont les enfants allaient dans la même école que les miens. Ils ont appelé des avocats, des médecins… ça a évité que mon fils soit placé.

Depuis, Murielle est un pilier du mouvement à Rennes. « Avec ATD, j'ai des forces », souligne-t-elle.

* * *

Pour décrire mon trajet à l'école, il faut commencer par mon trajet personnel. Ça a très mal commencé. Je suis une enfant de la DDASS. Il y a eu maltraitance de la part de ma mère et d'une tante. J'ai été dans les plus grands hôpitaux de Paris pendant quelques années. À six ans, j'ai été placée dans une famille d'accueil. Je ne parlais pas, je ne marchais pas, je ne savais pas manger toute seule. Parce qu'il y a eu des coups importants, sans compter les brûlures. Ils m'ont cassée. C'est très lourd. On a comparé mon corps aux camps pendant la guerre avec les Allemands, c'est marqué noir sur blanc.

J'ai été à l'école, j'avais plus de huit ans. Je n'avais encore jamais fréquenté d'enfants. On m'a mise une année en maternelle avec les petits parce qu'ils ne savaient pas comment j'allais réagir avec les autres enfants. Et puis j'ai mis du temps à marcher et à parler.

Après, on m'a mise en CP. C'était la catastrophe, j'ai fait deux ans. J'avais dix-onze ans. Ça ne marchait pas parce que je suis tombée sur une maîtresse qui était « une pourriture », je ne peux pas dire autre chose.

Avant d'arriver en SEGPA au collège, j'ai été dans des classes de transition avec des enfants handicapés divers. Moi, mon problème était juste scolaire. Il y avait toutes sortes d'enfants, beaucoup plus jeunes que moi. J'ai essayé d'avoir des bases. Mais, dans ces écoles-là, à cette époque, on faisait un peu n'importe quoi. Les enfants étaient agressifs avec la maîtresse, entre eux aussi. La famille d'accueil me disait que je devenais violente, agressive, parce que j'avais ça devant moi tous les jours.

Quant à apprendre à lire et à écrire, j'avais quelques bases. Lire, ça allait, mais l'écriture, c'est toujours la catastrophe. C'est mieux aujourd'hui mais ça reste compliqué. Écrire, c'est plus facile parce que c'est corrigé par l'ordinateur. Mais souvent je ne sais pas faire mes phrases correctement, je fais des fautes, je ne sais pas les tourner. Ceux qui me connaissent ne font plus attention à ça. C'est plus compliqué quand c'est un professionnel.

Au CP, la maîtresse était méchante. Elle voyait bien que je n'arrivais pas à parler correctement, elle me mettait toujours au fond de la classe. Et elle remettait tout le temps sur le tapis ma vie depuis ma naissance, elle disait que je ne ferais jamais rien de bien. Pendant les deux ans que j'ai passés au CP, elle m'a massacrée. Déjà je n'aimais pas l'école mais ça n'a pas arrangé les choses.

J'ai tout de même rencontré des enseignants avec qui j'ai bien accroché. Dans les classes de transition, j'ai fait deux-trois ans avec eux. J'étais vieille mais il fallait bien que j'arrive à rentrer en collège. Une prof m'a beaucoup aidée en lecture et en écriture. Elle m'encourageait, elle me disait que ça pourrait mettre des années mais que j'y arriverais.

Malheureusement je n'ai pas rencontré beaucoup de profs comme elle. Dans les classes spécialisées, il y en avait qui essayaient mais les classes étaient assez chargées avec des handicaps différents. Les profs étaient souvent jeunes et n'étaient pas forcément formés pour chacun des problèmes. Moi, ce n'était pas un handicap méchant mais pour certains c'était assez violent.

J'ai fait deux ans de collège en classes spécialisées mais j'étais déjà vieille. Comme à la DDASS ils voyaient que je ne faisais rien à l'école, ils ont cherché où me mettre. Ils m'ont inscrite sans me demander mon avis dans un lycée professionnel, chez les religieuses, pour apprendre la couture. J'ai suivi une formation, j'avais dix-neuf ans.

J'ai quand même un petit diplôme mais qui ne vaut plus rien du tout. Ça s'appelait un CEP (certificat d'études primaires) mais ça n'existe plus. J'étais bonne en couture, pour le reste non.

J'ai été élevée dans le Nord où il y avait beaucoup d'usines de couture. Ma famille d'accueil était à côté du Touquet, à Montreuil-sur-mer. J'ai travaillé un petit peu, par exemple chez Damart et aussi à Roubaix avec les petites dentelles.

J'aimais bien la couture. J'en fais toujours, j'ai même appris à ma fille. Mais je ne pourrais plus travailler en usine parce que c'est une catastrophe. Il faut faire tant par heure, c'est de l'esclavage pour le prix qu'on est payé.

Je ne savais pas ce que je voulais faire plus tard. Tout ce que je voulais, c'était fuir ma famille d'accueil. J'étais très perdue, j'avais été agressée physiquement, je voulais quitter tout ça.

De dix-huit ans (l'âge auquel un enfant placé sort de l'aide sociale à l'enfance, l'ASE, qui a pris la suite de la DDASS) et jusqu'à mes vingt-et-un ans, j'avais des contrats de six mois renouvelables avec la DDASS. Il fallait avoir un travail pour qu'ils soient prolongés. Ces contrats me garantissaient un toit dans la famille d'accueil et un peu de revenus. Ça s'est arrêté à mes vingt-et-un ans.

Ce jour-là, je me suis retrouvée dans la rue avec ma petite valise. Débrouille-toi… On ne m'a pas dit : « On va peut-être t'aider encore un petit peu, le temps que tu trouves un boulot définitif. » Je n'avais plus de boulot et je suis partie sur Paris. J'aurais pu mal tourner, ne pas fréquenter les bonnes personnes. Mais non, j'ai essayé d'être correcte.

Si j'avais des amis en classe ? En maternelle, j'avais une camarade qui avait été placée elle aussi en famille d'accueil, on avait la même éducatrice. On est toujours en lien depuis toutes ces années.

Au niveau primaire, c'était la catastrophe. Ils mettaient les enfants comme nous avec les primaires normales – je n'aime pas dire « normal » mais c'est pour mieux faire comprendre – en récréation et pour manger. À un moment donné, ils ont dû nous séparer parce qu'il y avait trop de violence. On se tapait dessus pendant les récréations et ça finissait en bagarre. Ce n'était donc pas possible d'avoir des amis dans le circuit ordinaire de l'école. Même dans nos classes spécialisées, on ne se faisait pas de cadeau.

Ma famille d'accueil ne m'encourageait pas pour réussir à l'école. Elle était venue chercher un enfant à la DDASS, qui parlait, qui marchait, qui allait à l'école. Mais la DDASS les a forcés à me prendre parce que c'était une famille réputée correcte avec les enfants qu'elle gardait. Mais ce n'était qu'une façade.

Pour les devoirs le soir à la maison, ils ont essayé. Mais je n'aimais pas. Alors ils disaient que j'étais têtue, que je ne voulais rien faire, que c'était de ma faute… Comme ils me rabaissaient, je ne faisais plus rien du tout. En fait, la seule chose qu'ils ont faite de bien, c'est qu'ils m'ont fait marcher parce que, normalement, je n'aurais jamais dû.

Comment ça s'est passé ensuite avec mes enfants ? Quand je suis tombée enceinte de l'aîné, je me suis demandé si j'allais être capable de l'élever. J'avais vingt-trois ou vingt-quatre ans. Est-ce que j'allais reproduire tout ce que j'ai subi ? Est-ce que j'allais être capable de l'élever sans violences ? J'ai eu peur de moi. Quand tu as papa et maman derrière toi, ça va. Mais quand tu n'as personne et que tu n'as pas de base, il faut apprendre tout seul.

Ma belle-famille savait un peu mon histoire même si je n'avais pas dit grand-chose. Et ils étaient là alors que le papa était souvent absent. Ils étaient très famille, ils savaient que j'étais de la DDASS. Quand j'ai vu mes belles-sœurs s'occuper de leurs enfants qui avaient à peu près le même âge que mon fils, ça m'a fait moins peur. Je savais que si j'avais besoin de conseils, ils étaient là pour m'aider.

Mes quatre enfants n'ont jamais été dans des classes spécialisées, ils ont toujours suivi le circuit normal. Avec mon fils aîné, c'était pourtant un peu compliqué parce qu'il ne voulait pas aller à l'école. Je le traînais pour l'emmener en maternelle. Du coup, il faisait pipi au lit, ça a duré des années. Il n'aimait pas l'école. En plus, il est mal tombé en grande section de maternelle. Sa maîtresse me faisait penser à celle que j'avais eue, elle était agressive avec lui parce qu'il ne voulait pas faire le travail.

Il a finalement passé un BEP et un Bac Pro en mécanique. Comme je voyais qu'à seize ans il ne savait pas trop où aller, je lui avais proposé de voir pour un apprentissage. Il m'a dit oui, on a cherché. La voiture, la mécanique l'intéressait. Il a fait trois ans en apprentissage et il a prolongé une année pour un bac Pro.

Je ne lui ai pas trop donné le choix de trouver quelque chose. Mais je ne voulais pas qu'il fasse un truc qu'il n'aime pas non plus.

Le numéro deux, c'est ma fille. Je l'ai eue quatre ans après. Ça a été plus facile. Elle aimait l'école, elle n'a jamais eu de problème avec les maîtresses. Elle ne tenait pas en place mais elle n'a jamais eu d'accrochage avec personne.

Elle a choisi son orientation. Elle est peintre décoratrice. Elle a un BEP et un Bac Pro mais, elle, elle a étudié dans un lycée pro sans passer par l'apprentissage. Là, elle travaille dans une entreprise de peinture – ils refont des appartements HLM privés.

Je ne pensais pas qu'elle se serait mise dans le bâtiment, surtout que c'était une crevette à l'époque. Mais c'est un vrai garçon, elle y va et les hommes ne lui font pas peur.

Le numéro trois a dix-neuf ans. L'école, c'était compliqué. Il a le même problème de dyslexie que moi. Il a fait cinq ans d'orthophonie qui n'ont pas servi à grand-chose. Il a quand même été dans le système normal. On avait mis en place en primaire un PAI (projet d'accueil individualisé) pour qu'il ait plus de temps pour les devoirs. S'il avait besoin de matériel adapté, ils lui donnaient.

À un moment, il ne voulait plus aller à l'école, il voulait apprendre un métier. Il a pris un apprentissage de carrossier peintre. Il a eu ses deux CAP, de carrossier puis de peintre. Malgré son handicap, ça ne l'empêche pas de vivre. La preuve, il a signé son CDI chez l'employeur qui l'a formé. Il y en a donc trois de casés !

Le petit dernier nous a embêtés depuis sa naissance – enfin, façon de parler... Il ne faisait rien du tout en maternelle, en primaire et même au collège. Rien! Il restait discret au fond de la classe, ça ne l'intéressait pas du tout et encore maintenant. Ce qui l'intéresse? L'informatique et les jeux vidéo.

En troisième, il voulait arrêter mais je n'ai pas voulu. Ils l'avaient mis avec mon accord dans une troisième prépa pro pour le diriger ensuite vers un métier. Mais avec le COVID, tout a été foutu en l'air. Il a décroché en mars 2020 quand ils ont fermé les écoles. Il faisait des jeux vidéo toute la nuit, il dormait le jour.

Il fallait travailler à la maison à partir de l'ordinateur, il n'a jamais voulu. Il a pourtant l'ordinateur et la connexion. Il n'est pas retourné au lycée, sauf une journée quand ils faisaient une semaine sur deux. Et puis il n'y a jamais remis les pieds.

Avant que le COVID débarque, il avait réussi à faire un stage dans un restaurant, en cuisine. Le restaurant était à deux pas de la maison. Le patron était OK pour le prendre en apprentissage. Mais le confinement terminé, plus d'apprentissage. La Chambre des métiers nous a donné une liste de patrons dans la restauration, mais tout avait été pris par mail, sauf l'armée qui cherchait un apprenti en cuisine. Il n'a fait qu'une année, il a cassé son contrat. On n'a jamais su pourquoi. Mon fils est secret, il garde tout.

Je lui ai dit: « Mais qu'est-ce que je vais faire de toi? » L'inspecteur académique de Rennes m'a expliqué que comme il avait été une année en apprentissage comme salarié, on ne pouvait plus le mettre dans un lycée normal. Ils m'ont dit aussi que ce n'était pas le seul apprenti qui casse son contrat.

Ils lui ont proposé plusieurs métiers. C'était un peu pour boucher les trous dans certaines classes. Il a choisi la menuiserie, je croise les doigts qu'il fasse les deux ans.

En fait, il n'a pas eu vraiment le choix, je l'ai un peu menacé parce que je ne veux pas qu'il sorte sans rien. Qu'il ait au moins un CAP dans les mains.

Il est interne dans le Morbihan, à côté de Lorient. Il a été mis à pied une semaine, depuis il a repris. Lundi, il commence un stage. Je pense qu'il est plus fait pour l'informatique mais on lui a dit qu'il fallait un peu plus de connaissances.

Mes relations avec les enseignants ? Quand il y avait des réunions de parents d'élèves et qu'on était plusieurs, j'y allais de temps en temps. C'était surtout pour les résultats du trimestre ou alors quand il y avait une convocation parce qu'il y avait eu un souci avec un de mes enfants au niveau des résultats ou du comportement.

Si je voyais qu'il y avait un problème, j'essayais de mon côté de prendre un rendez-vous avec la maîtresse. Mais j'y allais en reculant parce que j'avais peur de ce qu'elle allait dire. Je me demandais comment j'allais le prendre alors qu'elle rabaissait mes enfants.

Parfois les maîtresses demandaient un coup de main, par exemple pour une sortie à la piscine. Je le faisais pour mes enfants. On n'avait pas d'échanges, la maîtresse ne me parlait pas, ni les autres mamans qui donnaient un coup de main.

Il y avait des profs qui n'étaient pas sympas, surtout pour l'aîné et le dernier qui n'aimaient pas l'école. Le travail n'était pas fait et les résultats étaient catastrophiques. Les enseignants voulaient mettre des choses en place. Des fois je disais oui, des fois non quand je savais qu'il n'y avait pas besoin.

Il y avait tout de même des profs qui visaient juste. C'est compliqué quand tu es maman seule et, en fonction de l'endroit où tu habites, c'est un autre regard. Même si c'était des collèges ou des écoles au milieu des cités. Il y a des profs qui ne faisaient pas attention à là où tu habitais et si tu avais des problèmes de famille. Mais il y en a qui voyait que tu ne travaillais pas ou que c'était un peu la galère. Le problème est là : on ne devrait pas faire la différence entre les parents.

Je ne fréquentais pas les parents d'élèves. Je les entendais parler entre eux quand j'allais récupérer les gamins à l'école. Ils disaient du mal des autres parents. Je préférais ne pas parler avec eux. Comme ça, pas d'histoire. Sauf quand mes enfants faisaient une bêtise sur un autre gamin ou qu'il y avait une dispute, je me mettais en lien.

Pour que tous les enfants aient les mêmes chances à l'école, je trouve qu'il faudrait faire des Croisements des savoirs©, il faudrait que les enseignants, quand ils apprennent leur métier, aient une formation avec des familles en difficulté pour voir ensemble comment on peut faire du lien avec les parents, surtout quand on a comme nous des difficultés. Il faudrait voir aussi comment mettre les parents en valeur avec les maîtresses.

En fait, je trouve que les parents devraient avoir une autre place dans l'école. On pourrait au moins une fois, être quelques heures au fond d'une classe, plutôt pas celle de nos enfants, et voir comment les profs travaillent avec les élèves. Après, on pourrait échanger, voir ce qui est bien et ce qui est moins bien.

Pour l'expérimentation CIPES, je suis allée faire des observations dans des classes avec un ou deux autres militants Quart Monde et avec deux chercheurs. C'était dans le Morbihan. La maîtresse avec qui j'ai parlé m'a expliqué qu'elle avait sa méthode à elle, en fonction de chaque enfant. Elle mettait parfois les grands et les petits à travailler ensemble. Il y avait pas mal de choses en petits groupes et les gamins étaient libres de faire un peu ce qu'ils veulent dans la classe, sans faire de bazar. Ils travaillaient entre eux. J'ai trouvé ça super.

Dans les deux trois écoles qu'on a faites, c'était à peu près la même chose. C'était génial la manière dont ils travaillaient. Les écoles sur Rennes n'ont pas du tout la même manière de faire. C'est dommage. En campagne, je trouve que c'est plus facile qu'en ville. Ce que les enseignants là-bas disaient, c'est plutôt qu'il y a plus d'enfants en difficulté en campagne. Parce que les parents n'ont pas forcément de véhicule pour les amener chez l'orthophoniste ou pour échanger avec d'autres professionnels pour aider leurs enfants. Ils n'ont pas de transports en commun comme nous à Rennes. Du coup, les enseignants voient des enfants en échec parce qu'ils n'ont pas assez de soutien derrière.

Pour moi, réussir à l'école, c'est savoir au moins lire et écrire, connaître les choses autour de nous, l'histoire de la France ou celle d'autres pays, mais aussi avoir au bout un travail. Si tu ne sais pas lire et écrire, si tu n'as pas de diplôme, tu auras un boulot, on va dire, « de merde ».

Avec un diplôme, tu auras au moins le respect. Une base de CAP, c'est déjà bien. Je ne demande pas le bac plus des années d'études. Quand je regarde les annonces de Pôle emploi, c'est toujours avec une base de CAP. Tu rentres plus facilement dans une entreprise. Après, tu apprends sur le tas si tu n'as pas le CAP du boulot que tu fais. Il y a des formations quand tu es embauché.

Si tu n'as ni CAP ni rien, tu dois retourner en formation, dans des centres de formation ou par Pôle emploi. Quand ce sont des enfants qui n'aiment pas l'école, c'est compliqué, il faut reprendre les cahiers, les crayons…

Si je n'avais pas eu ce démarrage dans la vie, je pense que j'aurai pu faire d'autres études que ce que j'ai fait. J'ai retrouvé certaines de mes sœurs ; elles ont eu des diplômes et elles ont des métiers à peu près corrects.

Pour m'y remettre, c'est mon orthographe qui me bloque. Je voudrais être dans la médiation mais quand je vois qu'il faut faire des rapports, je me dis que je ne vais pas y arriver. Dans la formation OSEE (une expérimentation, à l'initiative d'ATD Quart Monde, pour faire reconnaître les acquis d'expérience des personnes en situation de pauvreté), on a fait des remises à niveau. Mais il y a eu le COVID et je n'ai pas pu faire un stage pour voir vraiment si c'était ça qui me convenait.

Quand on a fait le bilan de compétences, ils m'ont dit que ce serait bien d'aller dans la médiation. Comme je faisais beaucoup de bénévolat dans les centres sociaux, on fait de la médiation tous les jours. Mais quand je vois les diplômes, je me dis que ce n'est pas pour moi. Confondre les lettres, c'est très compliqué. Il faut que j'essaie de voir une orthophoniste. Oui, j'ai honte de ça.

Notre école n'est pas juste avec les plus pauvres, les plus en précarité, parce que souvent c'est : « D'où tu viens ? », « Où tu habites ? », « Tes parents sont au chômage » ou encore « C'est l'État qui t'a élevé ? », etc.

Malgré tout, par rapport à mon parcours scolaire, si je regarde ceux de mes enfants, je trouve que j'ai limité les dégâts. Ce que j'ai subi, je ne voulais pas que mes enfants le subissent.

À la maison, quand ils rentraient de l'école, je faisais ce que je pouvais. Sur une partie du niveau scolaire, ça allait. Mon fils aîné donnait un peu un coup de main à ses frères et à sa sœur. J'essayais de les envoyer en soutien scolaire mais ils ne voulaient pas toujours y aller. Souvent, je suis tombée sur des voisins avec des enfants, on se liait. Du coup, les enfants faisaient leurs devoirs plus ou moins ensemble. Mais, en général, les miens se sont débrouillés beaucoup tout seuls.

Les responsables politiques ? Ils ne voient pas la difficulté des enfants, ils ne connaissent pas ça. Ils ne sont pas sur le terrain, ils n'ont pas eu des problèmes quand ils étaient gosses. Est-ce qu'ils ont des connaissances, des voisins, des amis qui ont un problème de précarité ? Je ne pense pas. Ils ne fréquentent pas des publics comme nous, en difficulté.

Il faudrait trouver un ministre qui a connu ça. Mais on ne donne pas beaucoup de chances aux gens qui sont hors du système de politique. Tout le monde ne peut pas mettre les pieds dans une école de politique. Ce sont de beaux parleurs pour qui on vote mais après, pour appliquer, il n'y a plus rien.

Je trouve que ce serait bien de mettre des militants Quart Monde, ou au moins des familles en difficulté, à discuter avec le Premier ministre. Moi, j'étais allée voir Mme Najat Vallaud-Belkacem quand elle était ministre de l'Éducation, j'ai même des photos avec elle. Elle était à l'écoute mais après, sur le terrain, ce n'est pas la même chose. On peut avoir de bonnes idées mais si, derrière, ça ne suit pas. Si elle est toute seule pour se battre, elle ne va pas y arriver. Pour faire changer les choses à l'école, il faut être en force. Plus on est nombreux, mieux c'est.

Paroles d'enseignants et de chercheurs

« En SEGPA, on sépare définitivement les élèves »

Gwenaël, enseignant et syndicaliste à Nantes

Gwenaël, 46 ans, a exercé 20 ans comme professeur en SEGPA. Il est actuellement délégué syndical à temps plein responsable de la région de Nantes du SGEN-CFDT. Passionné de pédagogie, il est président du CRAP (le cercle de recherche et d'action pédagogiques) qui publie la revue Les Cahiers pédagogiques.

Gwenaël est par ailleurs membre du comité de pilotage de la recherche CIPES, lancée à l'initiative de Quart Monde pour débusquer les biais sociaux de l'orientation scolaire et trouver des solutions pour y remédier, au nom du SGEN-CFDT. Il nous livre ici son expérience et sa réflexion de professeur en SEGPA.

* * *

J'ai démarré comme professeur des écoles et j'ai été nommé en SEGPA parce que j'étais dans les derniers au concours. Pour moi, c'est une information intéressante car cela veut dire que s'occuper de ces gamins-là, c'est une punition quand on est mal classé. Il n'y a pas que des gens qui y vont par défaut mais cela a été mon cas, il faut bien l'avouer. Je me suis renseigné sur les postes : soit je me retrouvais en Sarthe avec une classe unique et zéro collègue, soit en SEGPA alors que je ne savais même pas que ça existait. J'ai rencontré des copines à l'IUFM (institut universitaire de formation des maîtres) qui m'ont dit : « C'est super, les gamins sont « attachiants » comme on dit. Et il y a une grande liberté pédagogique. C'est tellement dur que les inspecteurs ne viennent pas « t'embêter ».

J'avais noté cela, ça m'avait bien plu. Et puis c'est en collège, donc il y a du monde. Je ne me retrouvais pas tout seul. Je suis resté en SEGPA pendant vingt ans. J'ai fait un peu tous les niveaux. J'ai un peu évolué parce que j'ai fait de la SEGPA des villes et de la SEGPA des champs !

J'ai commencé par la SEGPA des champs, une SEGPA hyper rurale avec des gamins qui ne sont jamais allés au-delà de quinze kilomètres de chez eux. La SEGPA de la ville, ce ne sont pas les mêmes problématiques. J'ai rencontré les mouvements pédagogiques et j'ai eu un tuteur qui était à l'ICEM (institut coopératif de l'école moderne) pédagogie Freinet.

Je suis resté en SEGPA parce que j'ai pu faire de l'analyse de pratiques. Sinon, je pense que je serais parti. Je l'ai fait avec un groupe de profs de SEGPA qui s'était monté à l'initiative de mon collègue tuteur et dans lequel on questionnait notre rapport à la violence, aux problèmes de ces élèves, à leurs difficultés.

Je suis parti de la SEGPA en 2019 parce que je n'en pouvais plus. Je savais qu'il y avait un problème structurel lié à ces sections et j'ai fini par être convaincu que ce n'est pas avec nos petits bras que l'on pourrait lutter contre un truc profondément ségrégatif. En fait, à chaque heure de cours que je faisais, j'avais tellement analysé le système que je voyais tous les travers. Je voyais les gamins se rebeller légitimement et moi qui luttais pour leur faire croire que c'était bien pour eux. C'était invivable. Donc j'ai assumé et je suis parti. Conjointement à cela, j'avais un engagement syndical. Je suis devenu secrétaire régional du SGEN-CFDT en même temps que président de la revue des *Cahiers pédagogiques*.

Forcément, en SEGPA je me suis posé la question de l'école inclusive. Il se trouve que j'étais concerné à double titre puisque j'ai une fille qui a une maladie génétique rare, qui est née en 2009. J'ai vécu le côté des parents qui se battent contre Kafka et Ubu réunis. Il n'y a pas de place en IME pour son enfant et on doit se battre pour tout.

Enseignant en SEGPA, c'est comme en REP+ (réseau d'éducation prioritaire). Comme ce n'est pas tous les jours facile, on se serre les coudes. J'ai été pendant deux ans remplaçant dans une école « classique ». C'était une école où on se voit en septembre, on fait les classes et puis rendez-vous à la kermesse de juin ! Ce n'est pas très réjouissant mais il y a des écoles où on peut fonctionner comme ça, à chacun sa classe.

Enseignant, c'est un métier très solitaire, en tout cas dans les endroits où il n'y a pas trop de questions à se poser. En fait ça roule et on a un taux de perte ! C'est terrible de parler comme ça mais c'est pour essayer de comprendre comment on peut se satisfaire de cela. On se dit : « C'est le système, ce n'est pas moi, il n'y a que trois élèves qui échouent et tous les autres marchent bien. » Sans se dire que tous les autres pourraient apprendre aussi en accueillant tout le monde.

C'est le paradoxe auquel j'ai été confronté et qui est devenu assez invivable : on est dans une école qui est de plus en plus normative mais qui demande d'accueillir tout le monde. C'est la limite de l'école inclusive depuis 2005. On a démocratisé l'accès de l'école mais on n'a pas démocratisé l'enseignement.

C'est très lié à ce que c'est que de réussir sa vie, dans le fond. C'est quoi réussir ? Quand pour le schéma de la réussite, l'étalon est l'élève de classe prépa, tout le reste est vécu par défaut.

Je me rappelle des collègues qui, quand je disais que je faisais de l'évaluation par compétences et que j'avais enlevé les notes, déclaraient : « Toi, ça va avec les SEGPA mais avec les autres, on ne va quand même pas faire ça. »

Le problème des jeunes en SEGPA, c'est qu'ils sont séparés définitivement des autres. En vingt ans de carrière, je n'ai que deux ou trois exemples d'élèves qui sont repassés dans l'enseignement ordinaire.

Ce qui est terrible, c'est cette séparation. Elle est odieuse parce qu'en plus, elle mise sur la confiance des parents. En fin de primaire, on les reçoit, on leur explique tout le bien de la SEGPA. C'est pour cela que l'expérimentation CIPES me parle énormément.

J'ai une vidéo de trois minutes extraite d'un documentaire où l'on voit un père d'élève qui fait hyper confiance à l'instit. Celui-ci lui explique que la SEGPA va être mieux pour son enfant – ces parents-là font confiance à l'école. Ce qui est terrible dans cette vidéo, c'est que l'on voit comment on fait passer une orientation en SEGPA. Le gamin, lui, on le voit sur son visage, n'a pas envie d'y aller. Il dit qu'on va se moquer de lui. Il sait ce qu'il va endurer mais le père dit : « Non, écoute ton maître, c'est bien. » Alors que j'ai connu des collègues qui venaient me voir en disant « alors la SEGPA, etc. pour mon gamin ? », ils trouvaient toujours autre chose. Eux, ils ne respectent pas ; ils se débrouillent, ils trouvent une autre solution, ils vont dans le privé ou demander une ULIS. Parce que même les enfants handicapés maintenant sont inclus dans les classes – en ULIS, on va aussi dans les autres classes.

La SEGPA, c'est vraiment le truc à part. Dans mon collège, il y avait une SEGPA et deux ULIS. Les ULIS faisaient les voyages en Angleterre mais pas les élèves de SEGPA. On n'était même pas dans le projet. C'est le S de SEGPA qui sectionne. À la limite qu'il y ait des EGPA, des enseignements généraux adaptés, on pourrait y réfléchir. Avec le S de section, ça ne dérange personne mais on sectionne. Dans le quartier, j'ai plein de témoignages d'élèves qui disent qu'ils cachent le fait qu'ils sont en SEGPA.

J'y suis resté vingt ans parce qu'il y a des réussites quand même. Pour se contenter de ce que l'on fait, on s'appuie sur les trois-quatre gamins à qui cela profite dans la classe. On se dit qu'il y en a quelques-uns qui vont y arriver. Nous avons sorti un petit film dans notre SEGPA d'une heure, un documentaire. On voit les élèves qui disent : « Ils s'occupent bien de nous. » Parce qu'il n'y a que des gens super. C'est une structure ségrégative mais avec des gens bienveillants à l'intérieur. Ce n'est pas la prison, pas du tout ; ce sont des gens pleins de bonne volonté mais qui rament contre le courant avec des baguettes en plastique. Donc oui, on y arrive un petit peu et il y a des projets sympas.

Les élèves arrivent en sixième, complètement cassés par leur scolarité. On leur redonne le sourire. Plein de parents, en sixième, disent : « Maintenant il est content de revenir à l'école… » – c'est un classique en SEGPA. Mais pourquoi, il ne pourrait pas être content de revenir en classe avec tout le monde ? C'est cela qui est dingue.

Il n'y a pas de profil SEGPA. Si on peut trouver le plus grand dénominateur commun, c'est cette situation de grande pauvreté si l'on regarde les CSP (catégories socio professionnelles). Après, c'est presque l'inverse des textes qui précisent : « Un élève ne doit pas aller en SEGPA si c'est uniquement pour des troubles liés au français ou si c'est pour des troubles du comportement. » Dans les faits, ils sont là pour ça.

Il y a 70 % de garçons en SEGPA. Une fille qui n'y arrive pas et qui est pauvre, elle est gentille, elle s'ennuie mais poliment. C'est ce que dit Serge Boimare : la différence entre les bons élèves et les mauvais, c'est que les bons ont appris à s'ennuyer poliment. Donc si tu restes discret, tu peux rester dans le fond de la classe. Il ne se passe rien tant que tu ne déranges pas. J'ai eu des classes avec une fille et treize garçons !

Les troubles du comportement, ils sont tous là pour ça, parce qu'ils ont trop perturbé le reste du groupe. Petit à petit, la SEGPA est ainsi devenue un peu la cour des miracles.

La SEGPA est la classe de perfectionnement du secondaire. Dans le primaire, on a supprimé les classes de « perf ». Il n'y a qu'Éric Zemmour et Valérie Pécresse qui veulent remettre ces classes. C'est la vieille lubie de la droite : ne pas mélanger les torchons et les serviettes parce que ça empêche l'élite d'avancer.

En fait, il faudrait supprimer les SEGPA et que le collège fonctionne comme une SEGPA. En quatrième et troisième en SEGPA, on fait des ateliers, en fait le travail de la main. Dans notre société où l'on dit qu'il faut revaloriser la voie professionnelle, ce sera du flan tant que l'on ne mettra de l'atelier dès le CP, dès la sixième et pour tout le monde et pas que pour les SEGPA. C'est dans ce sens que je dis que le collège devrait être une grande SEGPA. Il y a plein d'élèves qui rêvent de se lever de leur chaise et d'aller faire des choses. Ça ne serait pas une baguette magique mais au moins, on aurait une autre vision de ces métiers manuels.

Pas besoin d'évaluation dans ces ateliers, c'est finalement ce que tu as produit qui compte et tu es content. C'est d'ailleurs ça qui est super valorisant en SEGPA, cela fait partie des projets super que l'on fait. On fait un petit restaurant où on vend des gâteaux que l'on confectionne en atelier, où les autres viennent manger, tout cela met de l'humain et du lien. Mais pourquoi seuls les SEGPA feraient ça ?

Dans tous ces travaux, tu mets des maths, du français. La liberté pédagogique est super. Mais encore une fois je ne vois pas pourquoi cela serait réservé aux SEGPA. J'en suis arrivé à cette idée qu'il faudrait « segpaiser » tout le collège. C'est un peu provocateur de le dire comme ça parce que ça ferait peur à tous nos profs qui ont leur CAPES…

On fait aussi des ateliers philo, mais pourquoi juste entre élèves de SEGPA ? On se prive d'une richesse, d'un échange. En fait, il n'y a pas une SEGPA qui fonctionne pareil. Heureusement, il y en a qui s'ouvrent un peu parce que la résistance vient des deux côtés, également des enseignants en SEGPA, c'est aussi ce qui est complexe.

J'ai accepté de participer à l'expérimentation CIPES parce que les projets qui sont hors du temps médiatico politique sont hyper rarissimes. C'est l'un des drames français, l'alternance politique. Quand tu regardes la Finlande ou d'autres pays comme ça, s'ils ont réussi à avancer, c'est parce qu'ils ont dépassé les postures. On pourrait se dire que maintenant, c'est l'ascenseur social qu'il faut remettre en route. Est-ce que l'on se donne vraiment cette priorité pendant les dix ans à venir ?

L'école inclusive est une bonne accroche parce que c'est un peu trans-partisan. En fait, tous les gouvernements ont fait avancer des choses avec les créations des ULIS, avec les AESH… Même si c'est un scandale la façon dont les AESH sont payées, on est tout de même passé de 20 000 à 120 000 AESH. Et maintenant elles signent parfois des CDI. Ce n'est jamais assez rapide, ce n'est pas assez d'argent mais il y a une impulsion politique nette.

L'école inclusive, c'est un mouvement. Il faut prendre en compte ces deux pôles toujours en tension : est-ce que l'on doit plus être axé sur le gamin pour lui donner des trucs afin qu'il s'adapte au système ou est-ce que c'est le système qui doit s'adapter au gamin ? On leur a ouvert la porte de l'école, mais on n'a pas du tout rendu l'école accessible. Tu le vois à plein de petites choses, comme le vocabulaire. Les parents qui vivent dans la pauvreté, quand ils arrivent à l'école, sentent qu'ils ne sont pas les bienvenus juste parce que déjà, ils comprennent un mot sur deux si tu ne leur parles pas normalement.

Cela devrait être à nous de rendre l'école accessible et non pas d'attendre que les parents arrivent avec tous les présupposés et tous les codes. Or, les profs sont quand même les premiers consommateurs du système, c'est hyper compliqué de lutter contre ça. Nos propres enfants remplissent les classes prépas ; on est les champions des dérogations de carte scolaire. Quand tous les codes fonctionnent pour nos propres gamins, comment être enclins à les changer ? Il y a une question de formation derrière ça. Et puis, de plus en plus le milieu social des enseignants s'éloigne du milieu social de leurs élèves, c'est un gros souci.

Les enfants sont-ils perturbateurs ou perturbants ? Souvent, ces enfants perturbés sont avant tout perturbants. Ils nous perturbent nous, on est embêtés et ça chamboule plein de choses. Tu te dis : « Mais comment ça se fait qu'il réagisse comme ça ? » Et puis tu te rends compte que la violence d'un gamin, ça peut être celle que tu as suscitée. Comme le dit Daniel Favre, est-ce que le gamin est violent parce qu'il est en échec scolaire ou est-ce qu'il est en échec scolaire parce qu'il est violent ? Souvent on a l'impression que parce que c'est un enfant violent, il est violent à la maison et donc il est en échec parce qu'il ne travaille pas. Mais en fait, très souvent, c'est parce qu'il n'arrive pas à apprendre, et que c'est une grande souffrance, qu'il va devenir violent dans ce système-là. Nous le voyons bien : il y en a qui sont violents en SEGPA, mais quand ils sont en stage, ils sont hypers bien. J'ai de nombreux exemples : ce sont des terreurs au collège ; tu les envoies trois semaines en stage et le patron te dit : « Vous m'en remettez des comme ça quand vous voulez, il est super, hyper carré et bosseur. » C'est à nous d'essayer de réfléchir à ce qu'on leur propose et au système auquel ils ont à faire, un système qui peut rendre fou.

J'espère que l'expérimentation CIPES va provoquer des prises de conscience et une forme de lucidité. On envoie les gamins de familles pauvres dans les ULIS. Comment ça se fait ? Ils ne sont pas plus handicapés que les autres. Parfois, ils vont même dans des structures pour handicapés. Les enseignants de ces « écoles CIPES », qui sont engagées dans l'expérimentation, vont se rendre compte qu'ils y participent.

Ce qui est important pour les enseignants de ces écoles, c'est d'être accompagnés et de faire de l'analyse de pratiques. Ce qui est intéressant et qui nous manque beaucoup, c'est d'avoir des gens qui nous aident à nous regarder pédaler. Cela veut dire quoi maintenir un élève, le faire redoubler ? Sur quelles bases ? Comment se fait-il qu'un enfant qui a dix sur vingt et dont on sait qu'il a sa famille derrière va passer, alors que celui qui est un peu juste et dont on imagine qu'il n'aura pas de soutien va redoubler ? Ils ont les mêmes résultats. Il y en a un qui est considéré comme le fainéant d'une belle famille et l'autre comme le laborieux d'une famille de six enfants dont on a déjà eu les frères et sœurs… C'est à cela qu'il faut réfléchir, à ces préjugés et ces stéréotypes complètement faux.

Il y a plein de petits phénomènes comme cela à guetter, à traquer dans le quotidien – dans une classe comment on baisse les bras pour untel et pas pour l'autre. Ce sont des petites choses du quotidien de la classe. Des petites lâchetés comme cela, il y en a plein.

On est dans une culture d'externalisation, c'est-à-dire qu'il va y avoir quelqu'un d'autre pour s'occuper de ceux qui dévient de la norme. Vous pouvez observer dans les discussions de profs ou de conseil de classe, cette expression qui revient : « Cet élève relève d'ULIS ou il relève de SEGPA », etc. La classe est comme un grand train et il y a toujours un dernier wagon décroché.

Il y a structurellement un problème. Il faudrait que l'école soit son propre recours. On est sur un malentendu : quand je prône l'école inclusive, on me dit : « Mais tout de même, ils ne peuvent pas être toute la journée inclus. » Pourquoi ? Aujourd'hui, on promène les mômes dans les « titi taxi », on paie très cher les chauffeurs de taxi pour amener les gamins dans les ULIS, dans les ITEP, cela représente un coût astronomique ! C'est le coût de l'externalisation, on dépense des centaines de milliers d'euros pour envoyer les gamins ailleurs.

Il faut les remettre dans le collège, dans l'école. Après, qu'ils aient des soupapes à l'intérieur, que l'on fasse des choses modulaires beaucoup plus souples. On pourrait imaginer une école où l'on n'est pas toute la journée à trente dans la classe. On est de temps en temps dans un groupe, de temps en temps dans un autre. Cela rendrait la vie plus facile aux parents. On n'aurait pas besoin de leur faire remplir des papiers. On leur dirait : « Ne vous inquiétez pas, il y a des souplesses à l'intérieur de l'école. »

Dans les derniers chiffres, il semble que cela a bougé un peu mais 12 % des élèves arrivent en sixième avec des énormes difficultés de lecture, de compréhension et d'écriture. Sur ces 12 %, il y en a 3 % qui sont en SEGPA. Cela veut bien dire que 9 % sont aussi en énorme difficulté mais vont en collège ordinaire.

Ce serait bien que les changements de l'école arrivent avant le collège. Ce serait une bonne idée de mettre des moyens en primaire. En France, on a un déséquilibre trop fort par rapport au reste de l'Europe, avec des moyens beaucoup trop importants donnés au second degré par rapport au premier. Il y a un rééquilibrage à faire. Ils l'ont un peu fait mais c'est encore hyper normatif.

Dédoubler les CP, ils ne veulent rien entendre d'autre, et puis formater avec des évaluations. Les mêmes méthodes pour tout le monde. Cela ne va pas dans le bon sens.

C'est sûr que « le plus de maîtres plus que de classes » est une super idée. Ce ne serait pas très dur à remettre. On pourrait faire le dédoublement le matin. Nous avons essayé de demander cela à des inspecteurs mais ils avaient des consignes. Par exemple, on pourrait faire le CP dédoublé le matin et après, on mélange les moyens du CP au CM2 quoi. Et, là, le maître en plus dans l'école bénéficie à tout le monde. Mais ce serait laisser trop de liberté !

« Partir du plus en difficulté profite à toute la classe »

Dominique Reuter, spécialiste de didactique des mathématiques et chercheure au LACES à Bordeaux

Dominique Reuter est une didacticienne des mathématiques, matière qu'elle a enseignée. Elle a consacré sa thèse à l'enseignement des probabilités et des statistiques. Elle est devenue maître de conférences en sciences de l'éducation dans les années 1990.

Dominique Reuter a grandi au milieu des références à ATD Quart Monde. Absorbée par sa vie professionnelle, elle n'a pu s'engager autant qu'elle l'aurait voulu dans le mouvement. En 2014, elle a rejoint le Croisement des savoirs© organisé dans le cadre de la préparation de l'Avis du CESE Une école de la réussite pour tous, *dont Marie-Aleth Grard, l'actuelle présidente d'ATD Quart Monde France, était la rapporteure. Une participation qui marque un virage dans sa vie. Dominique Reuter est aujourd'hui l'un des piliers de l'expérimentation CIPES lancée en 2019 par ATD Quart Monde avec ses partenaires afin d'étudier et de corriger les biais sociaux de l'orientation scolaire.*

Dominique Reuter dialogue ici avec Marie-Aleth Grard autour de l'expérimentation CIPES où toutes deux travaillent ensemble dans l'équipe de coordination.

* * *

Marie-Aleth Grard: À la suite de la publication en 2015 de l'Avis du CESE *Une école de la réussite pour tous*, ATD Quart Monde a décidé de creuser la question de l'orientation scolaire des enfants des milieux défavorisés. Mais, au préalable, il nous fallait interroger des professionnels, des parents et des jeunes pour savoir si cette préoccupation n'était pas juste dans la tête d'ATD Quart Monde et si elle était bien partagée par d'autres.

Cette réflexion s'appuyait sur les chiffres de la DEPP (Direction de l'évaluation, de la prospective et de la performance du ministère de l'Éducation nationale) qui montraient, à l'époque, que 80 % des élèves de SEGPA étaient issus de milieux défavorisés et que plus de 65 % d'entre eux en sortaient sans rien, sans aucun diplôme et sans être inscrits nulle part.

Pour l'Avis du CESE, nous avions par ailleurs travaillé avec des parents ayant l'expérience de la grande pauvreté et nous avons publié leurs parcours scolaires ainsi que ceux de leurs enfants. Le résultat est édifiant: il n'y en a pas un qui a un parcours « normal ».

Pour savoir comment était perçue la question de l'orientation scolaire biaisée, nous avons mené un certain nombre d'interviews auprès des personnels de l'éducation nationale – des chefs d'établissement, des enseignants, des inspecteurs mais aussi des médecins scolaires, des psychologues, des parents et des jeunes. Cette collection d'interviews nous a montré que cela valait la peine d'y aller. Les professionnels souffrent, les familles souffrent, il y a bien un problème.

Nous avons alors proposé un Croisement des savoirs© à des parents qui ont l'expérience de la grande pauvreté, à des professionnels de l'enseignement – enseignants, inspecteurs, y compris un directeur académique –, à nos partenaires syndicalistes, à des parents membres des associations de parents d'élèves qui n'ont pas connu la grande pauvreté, et puis à des chercheurs.

Durant trois week-ends en 2018, en partant d'une série de réflexions sur l'orientation scolaire des enfants défavorisés, nous avons d'abord travaillé par groupe de pairs pour arriver à un texte commun.

Ce texte a été proposé à dix chercheurs dont les travaux sont connexes – des chercheurs en science de l'éducation, en sociologie, en neurosciences. Pendant deux jours, ces chercheurs ont animé la réflexion d'une centaine de personnes en groupes, dans un langage compréhensible pour tous. Ces échanges ont donné lieu à une publication « Grande pauvreté et orientation scolaire ».

De plus, à l'issue de ces deux jours, nous avons publié une tribune sur le site du *Café pédagogique* annonçant l'ouverture d'une expérimentation sur l'orientation scolaire des enfants de milieux défavorisés. Avec nos partenaires (syndicats, mouvements pédagogiques, fédérations de parents d'élèves) nous avons lancé un appel aux écoles qui seraient partantes en sachant qu'ATD Quart Monde est le moteur principal de cette recherche. La recherche CIPES était née.

Dominique Reuter: J'ai rejoint l'expérimentation après l'enquête auprès des professionnels. J'étais responsable du groupe des chercheurs dans le cadre du Croisement des savoirs©.

J'avais déjà participé au Croisement des savoirs© pour le CESE. Cette participation fut une de mes grandes expériences, très marquante. C'est donc avec enthousiasme que j'ai participé à ce nouveau croisement sur une question évidente pour moi, ancienne enseignante de CPPN (classe pré-professionnelle de niveau), ancêtre des SEGPA. J'avais pu déjà constater que la plupart de ces élèves étaient dans des situations de pauvreté ou de grande précarité.

Ensuite, ce fut le séminaire, puis la publication sur *Le Café pédagogique*. Nous avons réuni les forces vives d'ATD Quart Monde capables de mener à bien cette expérimentation sur cinq ans. Nous étions une petite équipe de sept personnes.

Nous avons commencé par visiter les écoles et les collèges dont les équipes nous avaient signalé leur intérêt pour cette expérimentation. Nous les avons écoutées. Il nous a paru indispensable de faire un état des lieux. Nous sommes donc allés dans ces établissements voir comment cela se passait dans les classes, accompagnés de militants Quart Monde comme observateurs et observatrices.

Nous avons lancé cela en 2019 mais en mars 2020, avec le premier confinement, tout s'est arrêté. Le COVID était là, tout a fermé. Heureusement, nous avions déjà beaucoup de données – des entretiens, des questionnaires, des débriefings, etc. – car nous avions visité de nombreuses classes.

Nous avons fait un rapport en juillet 2020 sur tout ce qui nous paraissait important de souligner comme éléments de compréhension. Que se passait-il dans une classe normale qui pouvait faire comprendre pourquoi des enfants étaient orientés dans des filières spécialisées dans lesquelles ils n'avaient pas leur place ? Je le dis crûment mais la question est bien celle-là.

Ce qui nous a fait mal au cœur, c'est que toutes les équipes volontaires, qu'il s'agisse d'écoles publiques, d'écoles privées ou de collèges – par la suite, les collèges se sont retirés –, sont des écoles situées soit en REP soit en REP+. Nous n'avons jamais eu de propositions de travail de la part d'écoles en « centre-ville ». Elles n'ont jamais été concernées par la question. Or, bien que l'on ait tendance à penser que la pauvreté ou la grande précarité se situe en REP ou en REP+, les réseaux d'éducation prioritaire n'accueillent que 20 % des élèves en situation de grande pauvreté ou de précarité. Cela veut dire que 80 % de ces élèves sont dans des écoles ordinaires. Peut-être que dans ces écoles de « centre-ville », les enseignants se satisfont du fait que leur enseignement marche bien dans 95 % des cas et ne s'intéressent pas trop aux 5 % restants.

Actuellement, l'expérimentation se poursuit dans seize établissements, des écoles maternelles ou élémentaires où tous les enseignants sont concernés par le projet. C'est une condition *sine qua non* pour l'acceptation de l'école par le comité de pilotage. Le projet se déroule sur cinq ans. En raison du COVID, l'expérimentation n'a, de fait, commencé qu'en septembre 2021.

Ces écoles s'engagent à respecter un cahier des charges : travailler vraiment à ce que les élèves en situation de grande pauvreté soient soutenus, faire tout ce qui est possible pour qu'ils n'aboutissent pas dans les filières de l'ASH (adaptation scolaire et scolarisation des élèves handicapés) ou qu'ils sortent du système.

Marie-Aleth Grard: Nous ne voulons pas dire que ces filières sont « pourries » mais il faut les réserver aux élèves qui en ont vraiment besoin et pour lesquels cela ne va pas bloquer l'orientation qu'ils auraient souhaitée. Ce que l'on souhaite, c'est que ces jeunes puissent choisir.

Dominique Reuter: Les équipes enseignantes se sentent impuissantes face à certaines difficultés. Aussi la première chose à faire est de comprendre les difficultés particulières que rencontrent ces enfants dans la grande précarité avant de penser, dans un deuxième temps, à les « éradiquer ». Il faut avant tout les comprendre et les décrire.

Comment s'y prend-on ? Chaque école a un accompagnateur qui est un chercheur spécialiste de ces questions – relations famille-école, apprentissages scolaires, aides aux devoirs, etc. Avec cet accompagnateur-chercheur, l'école rédige un projet dans lequel l'équipe décrit ce sur quoi elle a l'intention de travailler pendant ces cinq ans. Ce sont des réunions au cours desquelles sont mises sur la table les choses que l'on voit. Chaque école a toute liberté pour écrire son projet, il n'y a aucun formatage.

Par exemple, une école de Montpellier s'est fixée pour objectif de travailler sur ce qui se passe dans la cour de récréation parce qu'il y a des choses inacceptables qui entravent la bonne marche des classes. Autre exemple : dans le Morbihan, les enseignants d'une école ont choisi de travailler sur la connaissance de la grande pauvreté en milieu rural. D'autres se sont dit qu'il fallait travailler sur l'accueil des migrants parce qu'il y a des problèmes de langage et que ces écoles sont situées à des carrefours.

Chaque projet d'école a été validé par le comité de pilotage. Dans ce comité, siègent nos partenaires, des représentants de l'Éducation nationale, dont un recteur et un inspecteur, et également deux militants Quart Monde car nous voulons qu'ils aient une vraie part dans la réflexion tout au long de cette recherche.

Les équipes travaillent désormais régulièrement avec un chercheur-accompagnateur au cours de réunions programmées pour mettre en œuvre de façon très concrète cette compréhension ainsi que les actions. Viendra ensuite le temps de l'évaluation.

Les équipes ont une autre possibilité de soutien avec l'AGSAS (association des groupes de soutien au soutien). Cette association, qui travaille régulièrement avec ATD Quart Monde, nous propose bénévolement des formations d'analyse de pratique. Dans chaque école, un formateur AGSAS propose des réunions régulières de travail avec une orientation psychanalytique extrêmement aidante pour les participants. Ces séances sont réservées aux volontaires tandis que les réunions avec l'accompagnateur-chercheur s'adressent à toute l'équipe pédagogique – enseignants, ATSEM (agent territorial spécialisé des écoles maternelles), équipe de direction.

Marie-Aleth Grard: Dans une équipe pédagogique, il peut y avoir des membres plus ou moins impliqués mais aucun ne doit être contre la participation à cette expérimentation. C'est un point très important. Au fur et à mesure des ateliers et des réflexions avec le chercheur, je doute qu'ils ne soient pas tous entraînés dans la dynamique collective.

Il y a cependant une chose qui nous a étonnés au comité de pilotage, c'est le choix des thèmes par les écoles par rapport aux observations de notre rapport de 2020.

Dominique Reuter : Nous avons lu ces projets d'école avec beaucoup d'attention et nous avons relevé les thèmes principaux. Ils sont très divers, ce qui est normal étant donné l'indépendance et les ancrages différents de ces écoles, mais leurs choix nous ont interrogés. Pour la plupart, ils ne reprennent pas les observations que nous avions faites dans le rapport de 2020 qui insistait sur ce qui nous semblait être les points sensibles à travailler.

Un exemple de ces points particuliers relevés dans ce rapport : l'absence d'exigences envers certains élèves à l'égard desquels on se contente de peu ou que l'on ne pousse jamais. Il y a aussi les étiquettes et les moqueries vis-à-vis de certains élèves. Nous avions aussi signalé dans le rapport la question de l'organisation de la classe – qui mettre à côté de qui. Beaucoup d'élèves disent : « Je n'arrive pas à travailler parce que je suis à côté d'un tel ou d'une telle. » Or, l'enseignante – ce sont souvent des femmes – le prend très rarement en compte.

Dans les projets d'école, personne ne reprend ces problèmes. On a l'impression que, dans toutes les classes, le climat est très peu conflictuel.

Il faut reconnaître que la lecture de notre rapport a dû être compliquée pour les enseignants. Nous avons seulement rapporté ce que nous avons vu en classe, en tout anonymat, mais l'image renvoyée n'est sans doute pas facile à accepter. Des équipes enseignantes nous disent : « On ne voit pas très bien ce que l'on pourrait bouger tellement on a tout essayé et nous faisons tout bien. »

Marie-Aleth Grard: Et pourtant ils acceptent de se lancer dans une recherche. Leur réaction n'est peut-être pas exempte d'esprit de corps, il y a un ressenti collectif d'injustice. Individuellement, les enseignants semblent toutefois plus enclins à se remettre en question.

Dominique Reuter: Les projets que nous avons reçus sont des projets d'enseignants soumis à une hiérarchie, dont les thèmes reflètent les idées. Des idées qui sont dans les tuyaux de la hiérarchie, ce qui est normal car ils entendent cela toute la journée.

Il y a quelques années, nous avions fait une recherche sur les innovations dans l'Éducation nationale. Nous constatons aujourd'hui les mêmes problèmes: enseignants dont la formation initiale est très en accéléré, enseignants privés de formation continue avec des injonctions de réussite et manquant de soutien… Il n'est pas étonnant qu'ils se sentent démunis, un peu abandonnés, voire vilipendés. Ils n'ont même pas le temps de la réflexion et n'ont jamais d'évaluation de leur action. Finalement, ils sont plutôt courageux.

Marie-Aleth Grard: Au cours des réunions avec les enseignants, nous avons constaté combien ils se sont engagés dans ce projet et comment ils se livrent les uns aux autres, entre collègues inconnus, de l'autre côté de la France. Franchement, je suis étonnée qu'en aussi peu de temps, alors que la recherche ne fait que commencer, ils soient capables de se livrer sur leur questionnement.

Dominique Reuter: Admettre son impuissance n'est pas chose facile. Il faut rappeler que nous sommes en zone REP et REP+ où beaucoup d'enseignants sont jeunes et où chaque année arrivent des débutants tout juste sortis des INSPE (institut national supérieur du professorat et de l'éducation).

Cela ne fait que quelques mois que la recherche a vraiment débuté et cela commence à bien tourner. Par exemple, pour la cour de récréation qui était un problème bien ciblé, il y a eu une action immédiate. Les enseignants ont confié des fonctions de médiateur à certains élèves en s'inspirant de choses déjà faites. Le problème a été posé, il y a eu une action en retour, maintenant il faut évaluer le résultat de ces actions.

Ce n'est pas le cas pour toutes les actions lancées, sympathiques mais parfois moins bien ciblées. Par exemple, dans certaines écoles, les enseignants se sont filmés les uns les autres pendant une heure de cours, une pratique « à la mode » dans les classes qui réfléchissent. C'est tout à fait intéressant mais qu'en fait-on ? Il faudrait analyser ces vidéos ensuite, ce qui n'est pas fait.

Or, si on analyse une vidéo, on y découvre des choses. Je prends l'exemple d'un film tourné dans une classe de maternelle avec plusieurs niveaux. Son visionnage a mis en lumière le rôle d'une ATSEM qui faisait un travail remarquable sur le langage. Tout en faisant les mêmes choses qu'eux, elle parlait à ces enfants qui avaient un français tout neuf. Elle leur disait : « Moi mon rêve c'était d'être avocate. » « C'est quoi avocate ? », demandait un enfant. « Voilà je t'explique »… Elle leur apprenait des tas de mots de vocabulaire juste en parlant.

Marie-Aleth Grard: Alors que la plupart des écoles affirment vouloir mieux connaître ce qu'est la grande pauvreté, jusqu'à maintenant il n'y a aucune action reconnue sur le sujet. Nous avons donc le projet d'organiser un temps où l'on regroupera toutes les écoles avec les chercheurs et le comité de pilotage.

Dominique Reuter: Il faut être conscient que ce projet est à long terme. Il va engager une réflexion très lente, qui va se construire et se modifier tout au long de l'expérimentation. Le projet initial n'est pas fixé dans le marbre. Les écoles, à mi-parcours, vont probablement revenir dessus, en modifier quelques termes et quelques objectifs.

Marie-Aleth Grard: Pour les vidéos par exemple, en analysant ces films dont pour le moment ils ne savent pas quoi faire, les enseignants vont se rendre compte qu'il y a certains points importants de leur pratique qu'ils n'avaient pas remarqués. Je suis confiante. Ils travailleront dessus, et ce malgré le peu de temps dont ils disposent.

Ce ne sont pas les enseignants le cœur du problème mais un système qui favorise tellement celui qui sait déjà, celui dont les parents lui parlent, lui achètent un livre et ne le mettent pas devant la télé. Déjà au CP, il y a un gouffre entre ces enfants et les autres.

Dominique Reuter: La particularité des enseignants volontaires pour l'expérimentation CIPES est d'être très conscients des inégalités scolaires et sociétales. Ils expriment aussi une part de découragement. À part deux écoles qui sont déjà engagées dans des pédagogies alternatives, les autres font comme elles peuvent, sans ressources pédagogiques.

Marie-Aleth Grard: Je suis étonnée que les premières questions posées ne soient pas dans le domaine de la pédagogie. Je pense que les enseignants y viendront, on ne doit pas bousculer les choses.

Dominique Reuter: En ce moment, ils ont des réunions par zone entre les écoles parties prenantes. Cela leur permet de voir comment les autres écoles se sont emparées de l'expérimentation, ce qu'elles essaient de mettre en place, où elles en sont de leur réflexion. C'est très productif parce que les enseignants posent des questions que nous-mêmes n'oserions pas mettre sur la table.

Il faut préciser que cette expérimentation est légitime. Dès le début, nous avons signé des conventions avec les rectorats et avec les DASEN (directeur académique des services de l'Éducation nationale). Tous les enseignants engagés sont couverts vis-à-vis de leur hiérarchie. Nous sommes soutenus moralement et financièrement par le ministère. Il se dit intéressé même s'il n'entend pas le mot inclusion de la même façon que nous. Localement, nous avons aussi passé des accords de formation qui, à cause du COVID, n'ont pas toujours pu se confirmer.

Il y aura à la fin une évaluation en reprenant tout ce qui a été fait et l'on jugera du changement. En fait, nous n'arrêtons pas de prendre des données et nous faisons des analyses des réunions. L'on essaie ainsi de voir quelles sont les conditions pour que les équipes enseignantes restent dans le projet.

À la fin, nous prévoyons de publier un rapport avec des propositions et des solutions, ainsi que des conditions pour que cela marche. Cependant, nous ne pouvons pas prétendre faire quelque chose de transférable. C'est une expérimentation, les personnes engagées vont se transformer et trouver des solutions. Mais on ne peut pas dire : « Je vous donne des solutions clé en mains » pour une autre école. Cela ne marche pas comme ça mais on aura une idée pour que les choses changent dans d'autres écoles.

Il serait en effet prétentieux de croire résoudre un problème aussi important que l'orientation tracée d'avance. Au moins pourra-t-on sensibiliser d'autres écoles à cette problématique, en disant « voilà les possibles ».

Les injustices scolaires ne sont pas l'apanage de la France. Quasiment tous les pays occidentaux, notamment le Canada pour lequel la notion même de SEGPA est inconcevable, mènent des recherches de cet ordre. Ce qui constitue l'originalité de notre recherche est le fait que nous la centrons sur l'orientation scolaire des enfants en situation de grande pauvreté.

N'oublions pas enfin que ce qui nous rassemble avec tous nos partenaires est la conviction profonde que partir de celui qui a le plus de mal va permettre de faire réussir toute la classe. J'insiste à l'égard de tous les parents : ce qui bouge pour les plus pauvres est bénéfique aux autres.

« On cherche les bonnes réponses »

Florence, directrice d'école maternelle à Lyon

Professeure des écoles, Florence, 56 ans, est directrice de l'école maternelle Alain-Fournier à Lyon, un établissement classé en REP+ et situé dans le 8e arrondissement, l'un des plus pauvres. Elle a choisi de revenir dans l'éducation prioritaire car elle « s'y sent plus utile ». Depuis 7 ans, Florence accompagne ainsi des familles en situation de précarité, que l'on présente souvent comme « éloignées de l'école » et cherche, avec son équipe, les moyens de préparer au mieux les élèves aux apprentissages.

Florence est par ailleurs engagée dans l'expérimentation CIPES, lancée par ATD Quart Monde et ses partenaires pour mieux comprendre les biais sociaux qui pèsent sur l'orientation des élèves. Malheureusement, les deux dernières années ont été marquées par la pandémie du COVID-19 et les protocoles à répétition à mettre en place dans les écoles. Florence regrette ainsi de ne pas avoir pu consacrer autant de temps qu'elle aurait voulu à la recherche action CIPES mais elle garde tout son enthousiasme pour une expérimentation qui lui permet, à elle et à son équipe, de réfléchir et d'approfondir ensemble les projets de leur école.

* * *

Prendre une direction d'école en REP+ a été une volonté professionnelle. À un âge où les obligations familiales sont moins pressantes, j'ai voulu revenir sur le terrain de l'éducation prioritaire dans lequel je m'étais sentie bien au début de ma carrière. J'ai le sentiment utile d'avoir une mission qui se rapproche plus de ma façon de voir les choses, d'accompagner les familles vers l'école. Ça rejoint mes valeurs, donner une chance à tous, chance que j'ai eue parce que j'étais dans des quartiers plus favorisés où l'école allait de soi.

Le 8e arrondissement de Lyon connaît une explosion démographique. Notre école a quatorze classes avec six grandes sections dédoublées et huit classes ordinaires. Cette année, on est passé à des effectifs très importants avec des classes régulièrement de vingt-neuf élèves. Ce phénomène va bientôt se stabiliser avec la création d'une école voisine. On partagera les élèves. Mais il a beaucoup influencé les choix de l'équipe.

Avec l'ouverture de la nouvelle école, j'aurai probablement une fermeture de classe l'année prochaine. Je risque alors de perdre ma décharge complète. Dans ce cas, je réfléchirais à la suite. L'avantage de la décharge complète est de ne pas avoir de double casquette, c'est d'arriver le matin en sachant à quoi on va se consacrer. Si un matin, une famille avec qui je discute au portail me dit « aujourd'hui je vais marcher », je me dis que peut-être cette famille est dans la rue et j'ai le temps de l'accompagner jusqu'à l'assistante sociale.

En demi décharge avec une matinée en classe, ce n'est pas possible.

Pour avoir une idée de la composition sociale, je me servirai des catégories définies par la ville de Lyon qui servent au calcul des quotients familiaux. À Lyon, il y a sept catégories qui vont de 0 à 7. Chez nous, le maximum est 3, la majorité des familles sont au niveau 0 et 2. Il est évident qu'il n'y a aucune mixité sociale.

Les familles sont beaucoup d'origine étrangère, en France depuis plus ou moins longtemps. Leur hébergement est plutôt incertain. Il y a un foyer de jeunes travailleurs qui hébergent des personnes de temps à autre. Ces deux dernières années, beaucoup de primo arrivants sont sans logement. Plus ou moins hébergés, ils naviguent d'une famille à l'autre, quelquefois c'est la rue. L'environnement de l'école est fait de bâtiments des années 1950 avec des petits appartements où vivent des familles très nombreuses, parfois deux familles ensemble. Elles sont vraiment isolées et tentent de survivre.

Bien sûr, nous essayons de solliciter les parents. Si je vais vers eux, il y a du répondant, ils essaient de se mobiliser mais il y a des pas trop difficiles à faire pour eux, comme de participer au conseil de l'école. Ils ne peuvent pas imaginer que leur voix ait une quelconque importance, qu'elle puisse compter.

Et puis il y a le problème de la langue. La proportion d'allophones varie suivant les années. Des migrants arrivent puis repartent. J'ai beaucoup de mamans gênées par le français, qui le parlent mal, peu ou pas. J'ai peu de familles dont le français est la langue maternelle et, pour les 80 % qui ont une langue maternelle différente, même si elles sont là depuis longtemps, elles ne parlent pas notre langue. On ne parle pas français à la maison, ni la maman, ni les grands-parents, seul le papa parle un peu. Ils maîtrisent juste les mots usuels. Si bien que quand on veut faire une rencontre pour parler de la scolarité des enfants, nous avons recours à une famille qui traduit. Dès que l'on sort du quotidien, de l'habillement ou des chaussures où là on peut échanger, et qu'il y a un peu plus d'abstraction et de contenu, ils ont du mal à comprendre.

Tout cela fait que les enfants arrivent en maternelle avec un niveau de langue et de vocabulaire très réduit. Avant leur entrée à l'école à deux ans, la plupart n'ont parlé qu'arabe. Quelques mots usuels – « bonjour », « au revoir » et « merci » – sont tout leur bagage.

Au début de l'année, pour préparer les APC (activités pédagogiques complémentaires), les enseignants ont fait un petit test par rapport au langage. Ils se sont réunis par niveau et ont sélectionné une quarantaine de mots. Ils ont trouvé qu'à peu près 50 % des élèves maîtrisaient les mots proposés. Les enseignants ont trouvé cela « pas si mal ».

Je suis allée chercher plus loin avec un outil différent, une grille de fréquence usuelle des mots français suivant leur apparition et leur rythme chez les enfants. Quand j'ai croisé le choix des mots des enseignants avec la grille usuelle de fréquence des mots il est apparu un décalage d'un an, c'est-à-dire que les moyens ont passé une grille d'évaluation des petits avec 50 % de réussite, et les grands une grille d'évaluation des moyens avec 50 % de réussite. Là, on a relativisé.

D'un point de vue économique, il y a très peu de revenus. J'ai une à deux familles par classe dont les parents travaillent et, même quand tous les deux travaillent, cela ne représente que peu de revenus. Le genre d'emploi auquel ils ont accès – technicien de surface, gardiennage, surveillance de parking, surveillance de nuit… – ne facilite pas les choses avec des horaires découpés, matin tôt et soir tard, et pas de CDI mais des CDD ou des vacations.

Dans notre école, nous accueillons les tout-petits, tous ceux qui se présentent. Je fais même une politique de démarchage auprès des familles que je connais. Quand il y a des petits frères et des petites sœurs, on demande la date de naissance et on leur propose de venir dès deux ans.

On a constaté avec les partenaires institutionnels que les familles ne s'orientent pas vers les crèches ou les haltes garderies. La seule raison pour laquelle l'enfant sort de la famille, c'est l'école. Les mamans n'ont pas vraiment envie de se séparer de leur enfant : la crèche, c'est pour les garder et elles savent très bien les garder toutes seules. L'école, c'est pour apprendre, c'est donc une bonne raison pour sortir.

À deux ans, cette séparation peut être douloureuse. On prévoit un temps d'adaptation. Parfois, les enfants restent deux heures le matin pendant deux mois. Petit à petit, nous avons pu constater une grande différence entre ceux que l'on a eus à deux ans et ceux qui arrivent à trois ans. On peut vraiment prendre son temps à deux ans et l'année des trois ans, ils sont déjà élèves, ils savent travailler et les parents ne sont plus inquiets.

Le COVID a rendu les choses plus difficiles et nous ne sommes pas totalement sortis d'une certaine inquiétude. L'impact fut et est encore un repli sur soi. On ne sait plus comment vivent les uns et les autres. Ces deux dernières années beaucoup plus que d'habitude, je suis obligée d'aller chercher les familles pour les inscriptions. On a même eu une petite chute de nos effectifs des deux et trois ans. Il y a des familles que l'on n'a pas vues et pas touchées. Même avec celles que je connaissais et qui me connaissaient, il a fallu que je déploie toute ma diplomatie pour qu'elles acceptent le fait qu'il n'y avait plus de danger à l'école.

On accueille des enfants qui ne sont pas sortis de chez eux pendant deux ans. Ce repli sur soi intervient dans des zones où les familles ont déjà peur du regard des autres, peur des autres, peur du quartier et de la rue jugée dangereuse pour les enfants.

Le confinement a été catastrophique. Nous avions des appels quotidiens. Chaque jour, une famille appelait un enseignant pour dire qu'elle n'en pouvait plus, que l'enfant « grimpait aux murs ». On avait des appels la nuit et des choses dramatiques.

Quand on est sorti du confinement, il a fallu appeler pour leur dire de venir. Là, on a vu la confiance qu'ils nous faisaient, une confiance un peu démesurée même. Si on leur disait de venir, ils venaient mais si c'était le ministre qui le disait, c'était non. Grâce à ce rapport personnel, ils sont revenus mais ils ont très mal vécu le confinement. Quand il y a eu de nouvelles menaces de confinement, les familles nous disaient « pourvu qu'on ne ferme pas l'école, pourvu qu'on ne ferme pas l'école »...

Les enfants à la maison, ça a été dramatique d'autant que pour nous, le travail n'était pas possible. Ce que nous avons proposé comme continuité pédagogique était à 100 000 lieues d'un contenu scolaire : échanges téléphoniques avec les parents, échanges téléphoniques avec les enfants à propos de dessins, histoire de maintenir le lien. Cela se faisait en français, donc on gardait le contact avec la langue française.

Est-ce que nous avons eu une continuité pédagogique numérique avec des familles qui n'ont pas d'internet, pas de connexion ou encore qui ne savent pas utiliser une connexion ? Non. Nous, ce fut une continuité téléphonique avec distribution de matériel – papier, crayons, gommes - pour pouvoir faire des dessins à la maison. Je ne sais pas si cette méthode rentre dans la boîte à outils ministérielle.

Malgré tous ces obstacles il y a eu du bon, on a avancé un petit peu. Avant la crise, on n'aurait jamais pu imaginer pouvoir envoyer des emails à tout le monde. Maintenant toutes les familles ont une adresse mail. Elles arrivent à se connecter, à lire les messages qui sont toujours d'une grande simplicité, comme par exemple « La maîtresse est absente ». Je ne mets pas tout le laïus éducatif, tous les textes de références et tout ce que je dois dire. Quand un enfant est positif, j'indique : « il faut faire un test ».

Ça ne s'est pas fait sans un peu de souffrance et de beaucoup d'accompagnement de la part des professionnels et des enseignants, car il a fallu faire les choses pas à pas. Pour certaines familles, il a fallu prendre le téléphone, enregistrer l'adresse de l'école et leur dire « maintenant quand vous tapez là, vous avez cette adresse et ça vous renvoie à l'école ». Ou encore : « Vous dites "Hicham est absent" et, nous, on sait que Hicham est absent. »

Maintenant j'ai très peu de familles qui ne consultent pas les mails et qui en sont incapables. Ça paraît anodin comme progrès mais que toutes ces familles aient une adresse mail et qu'elles sachent la consulter, ce n'est pas rien.

Lutter contre l'absentéisme est une autre de nos missions. Il y en a beaucoup et cela augmente avec l'angoisse du virus. Alors une des premières demandes que j'ai auprès des enseignants le matin, avant de faire quoi que ce soit, est de vérifier les absents et d'appeler les familles. On constate que l'enfant ne revient que si on appelle. On a la chance d'avoir une équipe qui fonctionne bien car ce sont les enseignants et les ATSEM (les agents territoriaux spécialisés des écoles maternelles) qui, avec leurs moyens personnels, appellent les familles. L'école n'est pas équipée pour passer autant d'appels. Mais notre mission est de les faire venir à l'école, alors on les fait revenir à l'école.

Pourquoi avoir demandé de rejoindre l'expérimentation CIPES ? Nous étions avec une collègue à une conférence quand ce projet nous a été présenté. Il rejoignait tout à fait les préoccupations de notre école. De plus, pour nous, c'était une année où face au comportement de certains enfants, on se posait beaucoup de questions : rentraient-ils dans le champ du handicap ou était-ce juste un retard éducatif, un retard dans l'accompagnement du français ? Nous étions en pleine réflexion, ne sachant pas s'il fallait aller plus loin pour ces enfants particuliers. Nous n'avions pas de solution malgré tout ce que l'on mettait en place. Cette idée de recherche a croisé nos préoccupations, elle faisait écho à nos problèmes. C'est là qu'avec ma collègue, on s'est dit : « Mais c'est de notre école dont on parle ! »

Nous avons présenté le projet aux collègues qui ont dit oui C'était une chance de voir si, accompagnées, on pouvait aller plus loin dans la réflexion, si nous étions dans la bonne voie et si avec les triples niveaux, nous allions dans le bon sens. Une partie de notre projet pédagogique était en effet de travailler autour des triples niveaux, nous étions dans cette dynamique depuis trois ans. Quand nous sommes entrées dans l'expérimentation CIPES, c'était aussi pour valider, voire invalider ce choix de travail en triple niveau.

Malheureusement une « bonne idée » venant du ministère nous a été imposée : le dédoublement des grandes sections de maternelle. Cela nous a obligés à les enlever des triples niveaux. Au bout de six mois de ce fonctionnement, les enseignantes sont ravies. Le dédoublement à quatorze entraîne une proximité avec les élèves dont elles se réjouissent. Seules deux enseignantes expérimentées éprouvent un certain regret pour le triple niveau.

La première année, avec CIPES il y avait plein d'enthousiasme, d'envie. À propos des triples niveaux qui nous tenaient à cœur, l'écriture du projet nous a obligées à prendre le temps, ce que l'on ne faisait pas assez souvent. Cela nous a permis d'écrire et de réfléchir. Pourquoi avoir mis en place ce système ? Quelle est notre expérience du terrain ? Que pouvait-on en tirer ? Est-ce que ça fonctionnait vraiment ?

Puis il y avait la volonté de partir dans différents axes de la recherche CIPES. Mais les deux années dernières, c'est devenu très compliqué avec la pandémie. Nous savons qu'il y a des choses à faire avec CIPES mais nous ne trouvons pas le temps. Nous voudrions le faire plutôt que de parler tout le temps de ce virus, de protocoles, de séparer les élèves dans la cour alors qu'ils se croisent à la boulangerie ou ailleurs.

L'accompagnement de Dominique Reuter (chercheure impliquée dans l'expérimentation) fait du bien. Il permet de sortir la tête de l'eau. En septembre dernier, on a pris notre journée de solidarité. On a travaillé avec elle sur la question du soutien en faisant des ateliers philo, on a pris du temps pour travailler sur le fond.

De mon point de vue de directrice, je pense que c'est très difficile de maintenir un travail collectif. Pourtant, j'ai une équipe qui fonctionne, des gens qui ont plutôt envie de faire. Mais comme pour les familles, on assiste chez les enseignantes à une espèce de repli sur soi : puisqu'on ne peut plus se mélanger, puisqu'on ne peut plus faire de représentations entre les classes, puisqu'on ne peut plus recevoir les parents, on va faire notre boulot chacun dans notre classe et n'en demandez pas plus. C'est un peu ce qui se passe actuellement. Du coup, en tant que directrice, je rame vraiment. Les personnes travaillent, font de leur mieux, aident les familles mais le collectif?

Si je n'avais pas CIPES, ce serait encore plus compliqué. Travailler sur le fond, sur le sens des apprentissages était un deuxième axe de notre projet d'école. En janvier dernier, j'ai contacté Dominique Reuter pour travailler dessus. Elle m'a suggéré qu'il vaudrait mieux avant recueillir l'avis des familles pour savoir si nous avons les mêmes représentations de l'école. C'est ce que nous avons fait. On a réussi à mettre en place une enquête sur l'école, par écrit et avec un relais oral auprès des familles pour savoir si elles savaient ce que leurs enfants apprenaient à l'école et ce qu'elles souhaitaient qu'ils apprennent. On a eu un tiers des réponses écrites par classe, ce qui est beaucoup. On n'a pas fini les questionnaires oraux, ça demande plus de temps. Nous sommes ravies des réponses, les familles ont beaucoup d'attentes et les enseignants sont revigorés.

Cela fait du bien d'entendre et de voir les attentes des familles, de connaître leur représentation de l'école. J'ai pour l'instant quatre-vingts questionnaires sur lesquels j'ai fait des nuages de mots en relevant tout ce qui a été dit. Je n'ai que trois familles qui ont répondu qu'elles ne savaient pas ce que leur enfant apprenait à l'école ou que ça ne les intéressait pas. Toutes les autres ont donné des réponses et je trouve des nuages de mots sympas. Cette enquête, on ne l'aurait pas faite sans être engagé dans l'action-recherche CIPES.

Les mots qui reviennent le plus dans ce nuage sont: parler, lire, compter; mais il y a aussi: camarades, autonomie, bienveillance, règles, respecter, oral, couleur, vivre; après: devenir, apprendre, s'amuser. C'est vraiment un régal. À la question sur « ce qu'il apprend cette année », les réponses sont plus précises, c'est: alphabet, lettre, vocabulaire, forme, couleur, histoire, autonomie.

Si éloignées que paraissaient nos familles de l'école, elles ont eu des réponses proches de ce que l'on avait envie d'entendre. Notre moral en février a remonté. Il faut dire qu'il en avait bien besoin. Janvier et février ont été la pire période qu'on ait connue, l'usure, la pression, les absences non remplacées. Je crois qu'il n'y a pas un jour où l'on ait fonctionné normalement, j'ai eu jusqu'à sept enseignants absents sans remplacement. Si l'on ajoute le protocole sanitaire – enfants cas contact qu'on renvoie à la maison pour être testés, enseignants absents dont les enfants devaient être isolés, enfants qu'on renvoie à la maison faute d'enseignant, etc. En faisant le relevé des cahiers d'appel, je pense que, pour certains élèves, on a été à 50 % de scolarisation.

Ce que l'on attend d'une recherche comme CIPES, c'est une possibilité de distanciation par rapport à notre action sur le terrain, approfondir avec un chercheur ce que l'on fait de manière intuitive, relancer la machine, sortir la tête du cambouis, prendre le temps de savoir pourquoi on fait les choses, pourquoi ça marche. C'était le cas avec nos triples niveaux, ça marchait mais on ne se demandait pas pourquoi. Y réfléchir, approfondir, permet de monter d'un niveau, à un niveau un peu plus théorique.

Il faudrait que l'on nous écoute sur le terrain. Treize enfants en grande section c'est génial, mais vingt-huit dans les autres ? Nous préférerions une solution moyenne, que nous puissions continuer nos triples nouveaux, mener l'expérimentation jusqu'au bout et avoir les moyens de le faire. Et puis, on voudrait un peu plus de souplesse pour le passage en CP, qu'il soit possible en mai, septembre ou janvier, suivant les capacités des élèves. Mais il n'y a aucune souplesse. L'idéal serait que nos belles idées puissent un jour prendre forme.

Glossaire

AAH : Allocation adulte handicapé
AEMO : Action éducative en milieu ouvert
AESH : Accompagnant d'élève en situation de handicap
AGSAS Association des groupes de soutien au soutien
ANPE : Agence nationale pour l'emploi
APC : Activités pédagogiques complémentaires
ASE : Aide sociale à l'enfance
ASH : Adaptation scolaire et scolarisation des élèves handicapés
ATSEM : Agent territorial spécialisé des écoles maternelles
AVS : Auxiliaire de vie scolaire
BAFA : Brevet d'aptitude aux fonctions d'animateur
BEP : Brevet d'études professionnelles
BPA : Brevet professionnel agricole
BTS : Brevet de technicien supérieur
BTS ATI : BTS Assistant technique d'ingénieur
CAMPS : Centre d'action médico-sociale précoce
CAP : Certificat d'aptitude professionnelle
CDI : Contrat à durée indéterminée
CEP : Certificat d'études primaires
CES : Conseil économique et social
CESE : Conseil économique, social et environnemental

CFG : Certificat de formation générale
CIPES : Choisir l'inclusion pour éviter la ségrégation
CLIS : Classe pour l'inclusion scolaire
CMPP : Centre médico-psycho-pédagogique
CPPN : Classe pré-professionnelle de niveau
DASEN : Directeur académique des services de l'Éducation nationale
DDASS : Direction départementale des affaires sanitaires et sociales
DEPP : Direction de l'évaluation, de la prospective et de la performance (du ministère de l'Éducation nationale)
DGESCO : Direction générale de l'enseignement scolaire
EREA : Établissement régional d'enseignement adapté.
ESPE : Écoles supérieures du professorat et de l'éducation
FCPE : Fédération des conseils de parents d'élèves
IFAC : Institut de formation, d'animation et de conseil
IME : Institut médico-éducatif
INSPE : Institut national supérieur du professorat et de l'éducation
ITEP : Institut thérapeutique, éducatif et pédagogique
IUFM : Institut universitaire de formation des maîtres
LACES : Laboratoire Cultures Éducation Sociétés
MECS : Maison d'enfants à caractère social
MFR : Maison familiale rurale
OSEE : Osons les savoirs de l'expérience de l'exclusion
PAI : Projet d'accueil individualisé
PCH : Prestation de compensation du handicap
RASED : Réseau d'aides spécialisées aux élèves en difficulté
REP : Réseau d'éducation prioritaire
SAMU : Service d'aide médicale urgente

SEGPA : Section d'enseignement général et professionnel adapté
STI : Sciences et technologies industrielles, filière du bac technologique devenue aujourd'hui
STI2D : (sciences et technologies de l'industrie et du développement durable)
TAP : Temps d'activités périscolaires
ULIS : Unité localisée pour l'inclusion scolaire
ZEP : Zone d'éducation prioritaire

Le Croisement des savoirs et des pratiques© est une démarche mise au point par ATD Quart Monde permettant de créer les conditions pour que le savoir issu de l'expérience de vie des personnes qui connaissent la pauvreté puisse dialoguer avec les savoirs scientifiques et professionnels. L'enjeu est de réhabiliter au bénéfice de tous, la contribution intellectuelle et pratique issue de l'analyse de leur vécu, des personnes en situation de grande pauvreté et d'exclusion.

Le Croisement des savoirs et des pratiques© s'inscrit dans des domaines très divers : santé, travail social, éducation, sciences humaines et sociales, etc.

Lors de ces rencontres, chaque groupe de pairs – personnes ayant l'expérience de la pauvreté, professionnels, chercheurs – élabore sa pensée sur un sujet, puis prend le temps d'écouter les autres groupes de pairs afin de construire ensemble une pensée.

Table des matières

Composition : Le Bord de L'eau éditions

Cet ouvrage a été achevé d'imprimer en octobre 2022
pour le compte des éditions Le Bord de L'eau
par Présence graphique (37260 Monts).

Dépôt légal : Novembre 2022

Imprimé en France